U0113767

安阳卷 | 第二卷

中国八大古都系列文化丛书

安阳名城韵味

安民　编著

中国文史出版社

CHINA CULTURAL AND HISTORICAL PRESS

图书在版编目（CIP）数据

安阳名城韵味 / 安民编著. —北京：中国文史出版社，
2022.9

（中国八大古都系列文化丛书.安阳卷）

ISBN 978-7-5205-3625-7

Ⅰ.①安… Ⅱ.①安… Ⅲ.①文化名城—介绍—安阳
Ⅳ.①K928.5

中国版本图书馆 CIP 数据核字（2022）第 159496 号

责任编辑：仝　硕　刘华夏

出版发行：中国文史出版社

社　　址：北京市海淀区西八里庄路 69 号　　邮编：100142

电　　话：010－81136606　81136602　81136603（发行部）

传　　真：010－81136655

印　　装：廊坊市海涛印刷有限公司

经　　销：全国新华书店

开　　本：787mm×1092mm　1/16

印　　张：16.25

字　　数：195 千字

版　　次：2023 年 1 月北京第 1 版

印　　次：2023 年 1 月第 1 次印刷

定　　价：76.00 元

总　序

刘朴兵

　　安阳是中国有名的古都，安阳古都的特点是殷邺一体，安阳大古都包括殷都和邺都两部分。

　　盘庚迁殷后，商朝在安阳历八代十二王，殷作为商朝的都城共 254 年。商代灭亡后，殷地渐废为墟，后人称之为"殷墟"。2006 年 7 月，殷墟成为世界文化遗产。殷墟出土的甲骨文是中国最早的成熟文字。2017 年 11 月，甲骨文成功入选《世界记忆名录》。甲骨文使商代的历史成为信史，中国的考古学也肇始于对殷墟的科学发掘。在殷墟还出土有大量精美的青铜器和玉器，其中后母戊大方鼎重达 832.84 公斤，是目前国内出土的最重的青铜器。殷墟一地，足可奠定安阳大古都的地位！安阳作为殷都，在国内外是没有任何争议的。安阳学者在殷墟考古、甲骨文和殷商文化研究等方面做得也比较好，得到了中国社会科学院考古研究所、中国殷商文化学会的大力支持，形成了一个良性互动的外部环境。

　　邺初筑城于春秋时期的齐桓公，战国初年魏文侯曾命西门豹治邺。汉代末年，曹操被封为魏王，邺城成了曹魏王国的都城，共 16 年。十六国、北朝时期，邺城先后成为后赵、冉魏、前燕、东魏、北齐的都城。邺作为独立政权的都城，共 78 年。在中国都城建设史上，邺城是一座承前启后的里程碑，它的布局对隋唐以后中国都城的建设产生了巨大影响。北周末年，千年邺城成为废墟，民众南迁至相州。隋唐以后，相州也被人们称为"邺城"。由于相州是邺城的直接继承者，故安阳古都便有了邺都的加持。

安阳作为邺都在国内是有些不同声音的。少数人不承认安阳的邺都地位，主要原因是邺都故址在今河北临漳而不在河南安阳。这一局面是现代行政区划造成的。古都属于历史问题，应该基于历史事实来考察，而非根据现代行政归属来判定。邹逸麟在《中国七大古都》中明确指出："隋唐以后，安阳崛起，经宋、元、明、清为相州、彭德路、彰德府治所，今邺都废址所在临漳县，历来为其属县。至 20 世纪 50 年代初废平原省，安阳、临漳才划属两省。就历史情况而言，安阳（殷）与邺虽相距 20 公里，然两者皆处于漳洹冲积扇，曾有过密不可分的隶属关系，如同关中平原的丰、镐、咸阳、长安一样，是一脉相承发展下来的。安阳的历史，就应该包括殷都和邺都的历史。"[①]

就殷都、邺都的研究而言，二者是极不平衡的。殷都研究人数众多，总体水平较高，成果丰硕；邺都研究人员稀少，水平参差不齐，成果寥寥。但安阳、临漳两地的学者并未放弃对邺都和邺文化的研究。2010 年 12 月，《安阳日报》开设"邺文化研究"专版，至 2012 年 4 月共刊出 28 期，发表文章 70 多篇。安阳日报报业集团、安阳市地方史志办公室将发表在《安阳日报》"邺文化研究"

① 陈桥驿主编：《中国七大古都》，中国青年出版社 1991 年版，第 120 页。

专版上的文章结集为《邺文化探踪》（中州古籍出版社 2015 年版）。临漳县委宣传部编撰有《邺都探秘》《佛都邺城》《佛都之光》（中州古籍出版社 2012 年版），临漳县文物保管所原所长张子欣出版有《邺城考古札记》（中国文史出版社 2013 年版）。由于内容偏重于宣传，加之发行范围较小，这些书籍在学术界的影响不大。近几年，安阳古都学会已认识到加强邺都和邺文化研究的重要性和紧迫性，几次年会的主题都与此相关。相信经过广大学者的不懈努力，邺都和邺文化研究较为薄弱的局面一定会得到逐步改善。

目前，专门研究和介绍安阳古都的著作已经不少。从考古学角度介绍安阳（尤其是殷墟）的重要著作有：李济《安阳》（University of Washington Press，1977），郭旭东《青铜王都——殷墟考古大发现》（浙江文艺出版社 2003 年版）、《走近殷墟——殷墟考古发掘与研究》（中国文史出版社 2003 年版），孔德铭《考古安阳》（科学出版社 2019 年版）。这些著作均在学术界产生了较大影响。

从历史、文化角度对古都安阳进行介绍，始于陈桥驿主编的《中国七大古都》（中国青年出版社 1991 年版）。郑州成为中国第八大古都后，朱士光主编了《中国八大古都》（人民出版社 2007 年版）。陈、朱两书在全国产生了较大的影响，从整体上提高了中国古都群的知名度和美誉度。安阳本地学者介绍古都安阳的著作有：许作民《爱我古都安阳》（中州古籍出版社 1999 年版），刘志伟《古都遗韵　百年安阳》（中州古籍出版社 2006 年版），陈文道主编、焦从贤编著《安阳·从古都走向世界》（中国文艺出版社 2010 年版），周艳丽《安阳印象》（百花文艺出版社 2012 年版），郭胜强、陈文道《古都安阳》（杭州出版社 2013 年版）。

中国文史出版社策划的这套"中国八大古都系列文化丛书"是目前为止体量最大的介绍中国八大古都的系列著作。其中，"安阳卷"

由《安阳古都风采》《安阳名城韵味》《安阳影像图志》三册组成。

《安阳古都风采》侧重于殷邺古都文化，介绍了漳洹流域文明的曙光、世界文化遗产：殷墟、周秦两汉时期的殷邺、魏晋北朝时期的邺都、隋唐宋元时期的相州、明清民国时期的彰德、风姿绰约的古都安阳。

《安阳名城韵味》侧重于安阳古城文化，全面介绍了安阳老城的古城风韵和乡愁记忆，由古城溯源、城渠相依、衙署塔寺、胡同巷陌、建筑民居、街衢繁盛、方言撷趣、乡愁滋味等部分组成。

《安阳影像图志》侧重于安阳城市影像，上编"城脉篇"自公元前1300年盘庚迁殷至1949年安阳解放，下编"城迹篇"自1949年中华人民共和国成立至2021年中国共产党百年华诞。上、下两编共萃取百篇影像图志，是认知古都安阳的导览图册。

"安阳卷"的编著者安民，从小生活于安阳老城。参加工作后，在安阳市城建局任职，并担任城建档案馆馆长多年。他熟谙安阳老城的历史渊源、街巷胡同、建筑民居、名人逸事、风土人情、方言俚语等，谈起安阳的古城文化如数家珍。安民倾心于安阳古城文化的保护、传承，他勤于动笔，出版有《城脉安阳》《城现安阳》等书，可谓是安阳古城文化研究的本土专家。

安阳古都学会的多数本土专家没有经过严格的学术训练。在安阳古都学会2020年年会暨殷邺文化学术研讨会上，我提醒广大会员一定要注意学术规范，毫不客气地说道："学术不规范，在专家学者看来，就是'还没有入流''还没有上道'。你写的文章，不值得别人一看，没有参考价值，也没有信服力。你的观点，哪怕明显是错的，也不值得别人一驳。"有些本土专家听后，可能觉得这是否定他们的成果，感到非常不舒服。安民作为学会的副秘书长，对我的讲话深表赞同。著书写文时，他经常向吕何生等前辈学者请教，虚心向比自己小得多的"学院派"学者学习，力图在学术上弥补自己的"先天不足"。

近几年来，安民在安阳古城文化研究上，很注意学术规范。学术规范，使他"入了流""上了道"，可谓如虎添翼，他熟知安阳古都历史和安阳古城文化，文笔流畅，能写人们喜闻乐道的通俗性的古城文化文章，又能注意文章的学术性和规范性。从这个意义上讲，安民是编写"安阳卷"真正合适的人选。

为了进一步保证"安阳卷"的编写质量，安民诚邀我参与《安阳古都风采》的编写。孔子言："当仁不让于师。"（《论语·卫灵公》）我之所长在学术规范，安民年长我九岁，是我的兄长，从这个意义上说，我是"当仁不让于安兄"了。因此，我痛快地答应了安民的邀请。作为安阳古都学会的会长，这也算是我对"安阳卷"编写的支持。实际上，《安阳古都风采》编写的大部分工作乃是安民一人完成的，我只是在他编写的初稿上进行了一些加工而已。

"安阳卷"的编写，努力做到雅俗共赏，融学术性与通俗性于一体。在引用现代人的著作或文章时，均详细注明引文的来源。在引用古籍时，一般只注明作者、书名、卷数或篇名，如果是后人的注疏文字，则注明古籍的版本信息和所在页码。引文必有源，学术必严谨，这是"安阳卷"的一大特色和优点。

2022 年 4 月 23 日

（作者系安阳古都学会会长，历史学博士、教授）

目
录

I

古 城 溯 源

安阳，一座阅尽历史沧桑的七朝古都。《安阳名城韵味》为您描摹呈现的，是国家历史文化名城安阳的绰约风采，城市变迁历历在目，老城风韵历久弥新，人文风情亘古传续。让我们沿历史长河溯流而上，走进古都安阳，徜徉安阳老城，追寻着厚重的历史足迹，一同领略安阳城的无限魅力和风韵。

一、悠悠洹水话安阳

洹河悠悠，漳水汤汤，哺育了千年文化古都安阳。

在中华文明绵延不绝的发展历程中，安阳，无疑是一部厚重的经典巨著。地处晋、冀、豫三省交会之地的古都安阳，西望三晋，东眺齐鲁，北濒幽燕，南临黄淮，位居中原腹地，枕山襟河，天下腰膂。安阳自然地势西高东低，山地丘陵分布在林州市、安阳县西部，市域中、东部是广袤无垠的黄淮海平原。古老的漳河、洹河、汤河、卫河、淇河润泽着这片土地。

安阳历史久远，土地肥沃，民风淳朴，物产丰饶。在历史长河中，勤劳智慧的先民创造了辉煌灿烂的古代文化，得自然之青睐，

安阳的母亲河——洹河

赖先民之肇创，拓荒辟壤，生生不息。安阳有人类聚居的历史，可追溯到距今 2.5 万年至 1.1 万年前的旧石器时代晚期，洹河上游的小南海原始人洞穴，记录着早期人类活动的遗迹，被定名为"小南海文化"。从旧石器时代到新石器时代，人们从山地走向平原，沿河泽而居。磁山裴李岗文化、仰韶文化、龙山文化在安阳境内均有遗存。在距今约 4400 年前，华夏人文始祖"五帝"中的颛顼、帝喾都在这里建都立业，今内黄三杨庄西北的二帝陵被誉为华夏寻根祭祖圣地。

远古时，安阳属《禹贡》所记述的冀州之地。夏代，帝胤甲建都于西河，今汤阴东北的西河村为其故地。商代中晚期，第十三位王河亶甲居相，所筑都邑在今内黄县西南。3300 多年前，原本聚居于黄河下游一带的商部族在国王盘庚带领下，西渡黄河迁都于殷，从此政局稳定，日渐强盛。灿烂的殷商文明以甲骨文字、青铜文化、都城营造、周易文化享誉世界，将中国信史年代上溯近千年。近年来考古发现，殷墟东北部的洹北商城，筑城年代在公元前1600年至公元前1300年之间，为商代中期安阳建城的起始。即使从盘庚迁殷算起，安阳建城史距今已有3300多年。

战国时期，古代河水（黄河）流经安阳以东，漳河、洹河等河流带来充沛的水源，号称"天下之脊"的太行山成为抵御北方游牧民族南下的天然屏障。太行以东与华北平原接合部，自古为贯通南北的交通要冲。安阳正处于太行山前平原南北交通要道，西逾太行关隘可进入山西高原，东连齐鲁大地，显要的战略地位使之自古便为兵家必争之地，安阳由此成为华北平原南部的重要都邑。

"得中原者得天下。"历史上的安阳，自殷商以降，先后称殷、邺、魏郡、相州、彰德，向为国都大邑、河朔重镇，悠久的历史孕育了灿烂的文化，3000多年殷邺古都的历史一脉相承，生生不息。

内黄二帝陵（2007年摄）

颛顼、帝喾二帝塑像
（2007 年摄）

商代中晚期，自盘庚迁殷起，安阳做过历时 254 年的殷都。魏晋南北朝时期，这里又是曹魏、后赵、冉魏、前燕、东魏、北齐的国都南郊，是为邺都之地，共建都 94 年。殷都、邺都合称为安阳大古都，古都的历史绵延 348 年。20 世纪 80 年代中期，安阳跻身国家历史文化名城、中国七大古都之列。

作为甲骨文的发现地、《周易》文化的发源地、国家历史文化名城、中国八大古都之一、世界文化遗产殷墟、大运河永济渠滑县段所在地，安阳是中原华夏文明早期发祥的中心之一。1952 年，毛泽东视察安阳时说"安阳是个好地方"[①]。1959 年，郭沫若留下"洹水安阳名不虚，三千年前是帝都""中原文化殷始创，观此胜于读古书"[②]的赞誉。

让我们走进古都安阳，徜徉安阳老城，去领略和感悟这片神奇的文化沃土。

[①] 郭新法：《毛泽东休息的七天》，河南人民出版社 1994 年版，第 196 页。

[②] 郭沫若：《观圆形殉葬坑》，《光明日报》1959 年 7 月 18 日。

二、古城溯源三千年

历经千载悠悠岁月，洹水之滨的战国、秦晋安阳城邑，与隋唐
相州城一脉相承。相州城于北宋景德年间增筑，明洪武初改筑。如
今护城河以内的安阳城郭有着 600 多年历史，它有着北方古城典型
的方正布局，城内衙署寺塔秩序井然，街道民居错落有致，是彰显
中国传统礼制的典范之作。从战国时期安阳城邑的初现，至明清彰
德府古城，安阳城呈现出城摞城、水绕城、龟背城、州府城，中轴
对称、府县同城、功能分区、城郭相依的古城风貌特征。

回望遥远的洹北商城和灿烂的晚商都城，一湾洹水，维系着中
原华夏文明的血脉。周武王灭商后，北方政治中心迁移至关中渭河
平原。东周战国时期，又出现了安阳这座古老的城邑。历经千年风
雨洗礼，历代徙移增缩，成为我们今天看到的明清彰德府古城。

（一）殷邺古都

绵亘华夏南北的千里太行山脉，逶迤磅礴，北接燕山，南至
黄河岸边。其南部山峦以东，太行余脉北岭、南岭拱卫着千年安阳
城。安阳古城位居华北平原南部，太行以东广袤的漳洹冲积扇平
原。城址于"大山之下，广川之上"，自古为四省通衢的南北交通
要道，河北襟喉、帝京门户。这里土地肥沃，水源充沛，气候温
润，适宜农耕，历来为兵家所瞩目。金代以前，安阳地处古代河水
（黄河）两侧，远古时属《禹贡》所记述的冀州之地，夏代属西河
之地。商代先有河亶甲都于相，后有盘庚自奄迁都于北蒙，称殷。
自盘庚迁殷至纣之灭，历 254 年在安阳城区西北的洹河两岸建都。
殷墟遗址面积约 36 平方公里，濒临洹河而建的殷商宫殿宗庙区规
模庞大，开创庭院式宫殿建筑的先河。以宗族为单位的居民聚落成
片分布，并铺设了陶制排水管道。其聚族而居、聚族而葬的生活方

殷墟宫殿宗庙区遗址

曹魏三台遗址（2008年摄）

式延续至今。周灭商后，殷都渐废为墟。

　　安阳在西周初为邶国之地，今汤阴县东南的邶城村为其故地。后属卫国，卫都朝歌在今天的淇水之滨。春秋时期，安阳一带先后属卫国、晋国，为东阳之地。"东阳"，乃太行以东宽广朝阳的地域。公元前658年，齐桓公小白在今安阳东北漳河之滨初筑邺城，魏晋南北朝时期的邺城成为六朝故都。春秋时期出现的另一座城邑为戏阳城，位于今安阳城东约30公里的北郭乡境，是晋国在太行山东部的一个重镇。战国时期，安阳先后属魏国、赵国，稍后于邺兴起的另一个城邑就是安阳，其前身为魏安阳邑。

邺都佛造像（2012 年摄）

三台春景（2012 年摄）

嘉靖《彰德府志》书影

（二）安阳名源

安阳是商代晚期的都城，有着 3300 多年的建城史。

"安阳"一名，初现于战国时期的魏国。周灭商后，"安阳"作为城邑名称的起始，传统说法均据《史记·秦本纪》载秦昭襄王五十年（前 257 年），秦将王齮攻拔魏宁新中，改名安阳。学术界认为这就是安阳城名出现的起始。20 世纪 80 年代有安阳学人研究指出，《史记·廉颇列传》所载赵惠文王二十四年（前 275 年），"廉颇攻魏之防陵、安阳，拔之"，为安阳名称首现于史册，王齮改宁新中的安阳，在今新乡、焦作之间，较廉颇拔安阳晚了 19 年。"新乡之名，源于'新中乡'。"①

战国时期，安阳曾先后属魏国、赵国。公元前 275 年是赵国赵惠文王二十四年，这一年，赵国大将廉颇攻克了魏国的防陵、安阳。"安阳"一名首现于史册，距今 2297 年。战国后期，安阳这个地名已经出现是毫无疑问的。安阳地处黄河以北，太行山前广袤的漳河、洹河平原，古代称为河朔地区。安阳在春秋时期属晋国"东阳"之地，即"天下之脊"太行以东的宽广朝阳之地。战国后

①　新乡市档案馆：《卫河记忆》，《新乡的前世今生》，2015 年编印本，第 2 页。

期群雄争霸，逐鹿中原，雄心勃勃的强秦攻城略地，欲独霸中原。战略地位显要的"东阳"演变为"安阳"，冀望天下太平。这是一个美好的地名，寓意安宁、祥和，阳光、兴旺。自战国后期安阳城邑的初现，安阳名称、城址位于太行山前平原今洹水之南延续至今天。

（三）相州魏郡

秦灭六国，在全国推行郡县制，安阳一带分属邯郸郡和河内郡。秦朝时，安阳城始置安阳县。西汉初废安阳县入荡阴。东汉末，韩馥、袁绍相继为冀州牧，漳河之滨的邺城渐渐崛起，成为这一地区的统治中心。汉献帝建安九年（204年），曹操击败袁尚后雄踞邺城，自领冀州牧，统一了黄河中下游大部分地区。雄才大略的曹操奉天子以令不臣、挟天子以令诸侯，他封魏公、晋魏王，在邺城建社稷宗庙，邺城成为曹魏王都和汉末实际的政治中心。黄初元年（220年），曹丕废汉献帝称帝，迁都洛阳，改汉为魏，邺城成为陪都。这一时期的安阳一带为京畿之地，属冀州魏郡。

西晋和东晋十六国时期的安阳属魏郡。北魏天兴四年（401年），以邺所辖六郡之地置相州，取"河亶甲居相"为名，治邺城，这是相州之名的起始。"相州"最初建置于古邺城，秦晋安阳县城位于

"古相州"石匾额

洹水南今安阳城，它们均为中原河朔地区漳洹流域的重要城邑。

南北朝时期的东魏、北齐定都古邺城，营建了邺南城，废安阳县并入邺，于是殷邺合一。北周大象二年（580年），隋王朝建立的前夕，杨坚焚毁邺城，魏郡、相州、邺县三级政权和民众一并南迁40里于安阳城。安阳从此取代邺城，此后1000多年从未改变。唐天宝元年（742年）改相州为邺郡，乾元元年（758年）复名相州。隋唐相州城就是今天洹水之南的安阳城，隋代重筑相州城，始有内城、外城之分。新近发现的隋唐古城墙基址比明代城墙早700年，其西面城墙与今城址相互重叠，佐证了相州安阳城1500多年来未发生大的位移。

北宋贤相韩魏公祠（2016年摄）

（四）彰德府城

金明昌三年（1192年）升相州为彰德府。元代改为彰德路，属中书省。"彰德"一名，源于后晋天福三年（938年）的彰德军。北宋景德年间增筑相州城，将相州内外城、安阳城合而为一，城围扩展至19里，隶属河北西路。

明初彰德府领一州六县，属河南布政使司。这是安阳城市沿革史上的一大变迁，因为自汉代以降，漳洹流域一直是河北大政区的一部分。明洪武元年（1368年），明大将徐达率师25万大败元军，北取中原，攻取黄河以北的彰德、卫辉诸路，从此彰德府及其属县改属河南省，至清沿袭不变。

明洪武初改筑唐宋相州城，护城河以内的城池轮廓和范围保存古制，成为现今的明清彰德府古城。这是一座典型的北方方正城池，面积2.4平方公里，城内街衢纵横，市井繁华。从高大的礼制建筑到民居四合院落、井片字街巷，到城墙的围合、水系的贯通，主次分明，建置有序，从内容到形式，都按统一的规划营建。清代安阳城仍为彰德府治所，领安阳、汤阴、林县、临漳、内黄、武安、涉县七县。民国初年废府制，1913年设安阳县直属河南省，曾先后隶属豫北道、河北道。1932年10月，民国政府在省下设区，安阳城成为河南第三区行政督察专员公署驻地，领周围11县。1933年1月，浙江黄岩人方策履任行政督察专员兼安阳县县长。侵华日军占领安阳时期，曾改为彰德县，后复名安阳县。

1949年5月6日安阳城解放，以城区及四关设置安阳市，原太行五专区改称安阳专区，同属平原省。1952年11月平原省撤销，安阳市改属河南省。

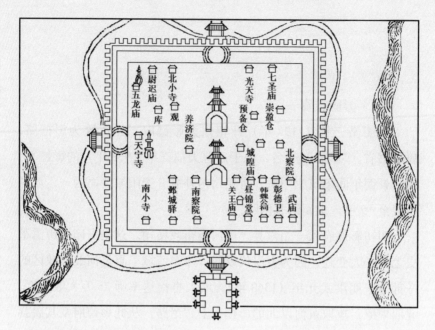

清顺治十五年（1658年）彰德府城图

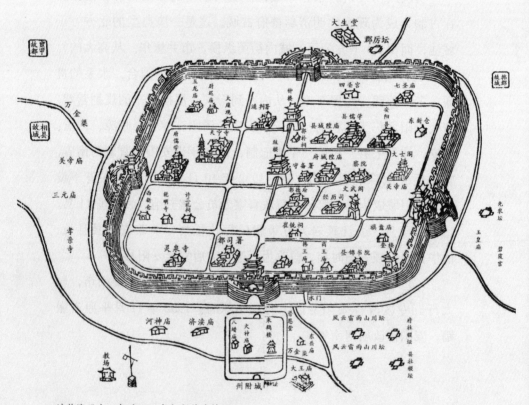

清乾隆五十二年（1787年）彰德府城图

三、河朔重镇彰德府

唐"安史之乱"后，内地各州也效仿边境设置"镇"戍守要地，总揽军事。后晋天福三年（938年），于相州城设置"彰德军"，"彰德"一名开始出现。北宋仍置彰德军，隶属河北西路。金明昌三年（1192年），升相州为彰德府。元代改设为彰德路，隶属中书省，治辖安阳、临漳、汤阴、辅岩、林虑五县。明初改筑的唐宋相州城，就是今天的明清彰德府古城。

公元1368年正月，朱元璋在南京即皇帝位，国号大明。朱元璋为明太祖，年号洪武。明朝前期，为防御北方游牧民族的侵扰，发动民力完成了自战国时期开始修筑的万里长城的浩大工程。洪武、永乐年间，从山西向地广人稀的中原地带大量移民，采用"民屯"和"军屯"的方式进行屯田。由于推行了休养生息的政策，社会经济得到一定恢复和发展，中国历史上出现了一个府城营造的高潮时期，各地州、府城池陆续修筑，明王朝的封建集权统治得以巩固和加强。

明初的安阳仍为彰德府，辖安阳、汤阴、临漳、林县、武安、涉县、磁州六县一州，属河南承宣布政使司。

明洪武初年，大将徐达引军从汴梁出发，攻克了黄河以北的卫辉、彰德诸路。明洪武八年（1375年），在唐宋相州

彰德府城街景

彰德府城鼓楼旧影像

城的基址上改筑彰德府城，城围由十九里改为九里一百一十三步，城辟四门，城门之上各建重楼，城墙四角各建角楼。四门之外筑有瓮城（亦称月城）。南门瓮城之外还有一个南小城，包含今天的南关一带。明清彰德府城内，紧邻四面城墙筑有马道。环绕府城四周的护城河古代叫作"城壕"。明代城壕阔十丈，水深者两丈，浅者八九尺，引万金渠水灌之。清代康熙、雍正年间，先后三次重修彰德府城。因城池形制规整，布局谨严，曾作为我国古代府城的典型范例，载于大学教科书[①]中。

明清两代的安阳城，是豫北冀南的一座重要府城。清初顺治年间朝廷上谕云，彰德乃全国三十处要地之一。向为河朔重镇，豫北门户。清乾隆《彰德府志》云："其地襟带漳洹，阻宅山阜，辙迹所会，此为要冲。"[②]

---

① 同济大学城市规划教研室编：《中国城市建设史》，中国建筑工业出版社1982年版，第103页。

② ［清］卢崧监修：《彰德府志》（乾隆），河南巡抚毕沅序节选。

巍峨的鼓楼位居城内十字大街交会之处，古代又名"谯楼"，为明初筑城时所建。鼓楼是城内的制高点，为府城之中心，宏伟壮观。钟楼在鼓楼以北同一轴线上，建筑形制为方形台基，重檐歇山式楼阁，楼内悬一口大钟以报时。

明永乐二年（1404年），明成祖朱棣封其三子朱高燧为赵王于彰德，后建赵藩王府于彰德府城内，今天城内高阁寺为其建筑遗存。城内的街道格局逐渐形成，市井繁华。钟楼、鼓楼、文峰塔、高阁寺、府城隍庙点缀着城市的空间轮廓，城外有社稷坛、风云雷雨山川坛、厉坛、先农坛等建筑。当时的南北大街名叫兴隆街，旧方志中还有彩凤街，在县东；广粮街，在县西，大约为后世的县东街和县西街。透过清《安阳县志》（嘉庆）这部志书，我们能依稀窥见200年前安阳城池和街衢的面貌。

清乾隆十五年（1750年）九月，清高宗弘历下江南道经安阳。安阳优美的山川风物，让游兴正浓的乾隆帝一连写下数首诗篇纪行称道。诗中写到安阳著名的岳飞庙、韩陵片石、昼锦书院、大生禅寺、丰乐古镇、漳河晚渡等重要的景致，这些景致与清代安阳八大景多有契合。

……韩陵一片石，昼锦数间堂。建置相还邺，军期项与章。……（《安阳道中览古》）

秋月安阳路，兰若经未入。小阳回跸便，意行聊访及。龙宫八部卫，雁楼三十级。数间静室幽，竹阴成小立。过眼云外赏，翻觉劳补葺。（《大生寺》）

一桥接两堤，两省限一水。迎者既纷来，送者亦旋止。……是处名丰乐，高廪庆亦有。顾名心倍欣，熙世无过是。伊洛周郑间，结揽从兹始。（《丰乐镇》）

中土周巡一月强，浮桥回首望安阳。往还节换秋冬候，迎送疆分清浊漳。（《渡漳河》）①

清光绪二十六年（1900 年），八国联军攻陷天津、北京，慈禧太后和光绪皇帝仓皇出逃，经河北、山西到达陕西西安。次年，回銮的圣驾道经安阳，民国《续安阳县志》这样记载："德宗光绪二十七年，和议成。太后及帝还京师，道经安阳。人民夹道观瞻，耆老迎于道侧者，或得银牌之赐。"②今天安阳城区的御路街、慈禧行宫、御路桥（鲸背桥）和桥北的排水渠御路沟，均为"庚子西狩"遗存的地名。

清末光绪二十九年（1903 年），京汉铁路安阳段竣工，安阳境内铁路计长 37.5 公里，又有支线铁路通向六河沟煤矿。粮食、煤炭、棉花生产贸易和铁路运输，成为安阳的主要经济产业，商业贸易呈现出阶段性繁荣和发展。当时的洹河为安阳境内重要水运航道，下游至内黄入卫河，南至楚旺、道口，北抵天津，河道帆樯林立，水陆交通便利。

清宣统元年（1909 年）初，袁世凯"回籍养疴"，隐居安阳洹上村，伺机东山再起。袁世凯为安阳留下著名的"三袁"建筑遗存，即袁寨、袁氏小宅、袁林。

四、民国时期安阳城

清中叶之后，地方行政机构分为省、道、府、县四级，地处中原腹地黄河以北的彰德、卫辉、怀庆三府属河南省彰卫怀道。彰德

---

① ［清］黄邦宁修：《彰德府志》（乾隆），卷首，《圣制》。

② 方策、王幼侨修：《续安阳县志》（民国），卷一，《大事记》。

府统辖周边 7 县，安阳县为府治所在的首县，其余 6 县为汤阴、林县、临漳、内黄、武安、涉县。河北磁州（今磁县）自明洪武二年（1369 年）隶属彰德府统辖，至清雍正四年（1726 年）划归直隶省。清末宣统年间，为防范地方反清势力，县治下又分区治，安阳全县划分为 10 区，城区设为中心区。

1911 年辛亥革命推翻了清王朝的封建统治，1912 年元旦成立中华民国。民国改元，安阳的区划建制也随之发生改变。1913 年废彰德府，恢复安阳县。彰德府署改设为安阳县署，彰德府城改称安阳县城，彰卫怀道改称豫北道。1914 年 6 月，又改为河北道，1927 年废道直属河南省。1932 年 10 月，位于今安阳老城东大街西段路北的原彰德府署，改设为河南省第三区行政督察专员公署，次年 1 月，浙江黄岩人方策履任督察专员。河南省第三区管辖的区域

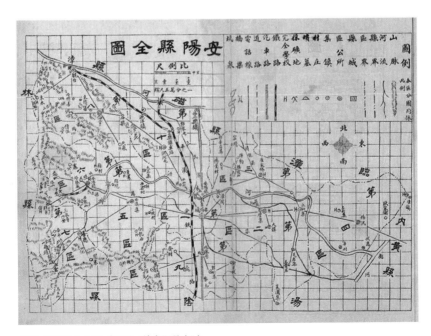

1932 年安阳县全图（民国《续安阳县志》）

包括安阳县、汤阴县、临漳县、林县、内黄县、武安县、涉县、淇县、浚县、汲县、辉县共 11 县。方策兼任安阳县长，督察专员公署与安阳县政府同在原彰德府署内。

1906 年京汉铁路建成通车，推动了安阳经济社会的发展。鼓楼、城隍庙附近的平市商场、中山市场先后开办，其周围和南北大街店铺栉比，饭馆酒肆林立，人烟阜盛，文商兴旺。1932 年开辟西北城门"新安门"，沟通了西关车站与老城之间的商贸联系，交通变得方便快捷。民国时期，一批安阳近代工商业相继创办，城外四关的集市贸易也很兴盛。经济繁荣带来人口增加，城内新开辟了不少街道。

1933 年《续安阳县志》，记述了当时安阳行政区划和街道乡镇的情况：

> 安阳全境，向无分区。清末，安阳县令李元桢始奉令划区。当时为了"兴学"起见，各就其地理之近，人事之宜，划为十区。城内及附郭村庄为中区，城南、城北各划一区，城东划为三区，城西划分四区。民国改元，相沿未改。直到民国 19 年，办理地方自治，奉省令取消分区，并以数目字为标准，改中区为第一区，其他九区也按数目排列。区各分乡镇若干，以便行政。[①]

这里特别提到，区划依据为"兴学"起见，并各就其地理之近，人事之宜，划为十区。以下引述第一区的街道和乡镇，了解当时县城及近郊概况，其余九区从略。

---

① 方策、王幼侨修：《续安阳县志》（民国），卷四，《民政志》。

1930 年安阳县第一区共辖城内街道四十八，城外乡镇四十二，包含车站特别镇。

街 道

东大街　大同街　二道街　南头道街　渠口街　北头道街　东南营

马号街　三道街　县东街　六府街　老县前街　中正街　姚家胡同

西华门街　御路街　乔家巷　县胡同　东西冠带巷　小颜巷

鱼市街　府照壁后街　纪家巷　西南营　丁家巷　西马道

南门西街　南门东街　南马道　南大街　西府街　大院街

竹竿巷（大夫铃　大井街）　唐子巷　北门西街（北马道　小大院）

西营街（皮园街）　西钟楼巷（大寺后　库口街　老爷庙前）

香巷街　仁义巷　裴家巷　大寺前街　学巷街　甜水井街　铁狮口街

北门东街（北府巷　灰府）　仓巷街　后仓街　短街（新营街）

乡 镇

三官庙乡　大营乡　邱家沟乡　石家沟乡　袁家乡　刘家庄乡

郭家庄乡　东关乡　南王乡　聂村乡　毛家庄乡　大王乡

四权乡（打线沟　迎儿村　常家湾　马家亭）　白墙庄乡　官园乡

南关街　四府坟乡　宗村乡　前张村乡　侯七里乡　萧家庄

三里屯乡（张家厂）　大公乡（张七里店　小岗嘴）　小吴村乡

（许家吴村　郭家吴村）　和平乡（曹家庄　后小张村　郭家庄）

新民乡（火烧庄　沿头村　顾家庄　西小庄）　西关街　霍家乡

四平乡（梯子口　小花园　邵家棚）　孙平乡（核桃树　白果树

石奶奶庙　三家庄）　徐家桥乡（郭家庄　六家庄　东八里庄）

新六乡（戚家庄　新大庄　铁佛寺　西八里庄）　置度乡（四沟村

三分庄　老庄　吉党村）　文化乡（铸钟街　斜街）　北关街

五权乡（前后烧盆窑　吴家庄　姬家庄）　杨计乡（娘娘庙　杜家庵

八五庄　广王坟）　四府乡（胡家庄　清流寺）　延年庄（安家庄

司家庄　河渡村）　文明乡（高楼庄　郭家庄　薛家庄　任家庄）

齐平乡（王裕村　花园庄　小庄　小屯）　四美乡（梅园庄　郝家店

四盘磨　白家坟）　车站特别镇

　　民国安阳县第一区所统辖的城内街道和城周四关近郊的乡镇，
反映出当时安阳县城的区划建制情况，为我们再现了80多年前的
城乡面貌。当时城内的主要街道共计59条，其中48条为主要街
道，还有11条是连接这些街道之间的小巷陌。从这些街道的名称

民国安阳县城街道和民居

来看，它们之中大部分后来得以延续。清代康、乾年间的《安阳县志》，已经有了"十八巷"的记载。清末至民国前期，安阳城里的主要街道格局已经形成，后来随着时间的推移和人口的增加，其他纵横交错的街衢小巷与这些主要街道连接交织起来，"九府十八巷七十二胡同"在民间口口相传，沿袭至今。

那些昔日城外乡镇与村落的名称，已明显带有民国时期新潮思想的印记，比如"新民乡、大公乡、文化乡、文明乡、四美乡"等。如今，这些近郊村落早已纳入市区建成区范围，被纵横交织的道路，成片的住宅区、厂房、商业文化设施所取代。在城市化进程日趋加快的今天，有些古老的地名和实体已了然无痕。存续下来的地名，为我们无声讲述着城市演变的历程。

五、城垣逶迤述沧桑

城垣记载历史长河文治武功，讲述人间悲欢离合。

高耸的城墙、城门是古代城池的首要标志，古代"筑城以卫国"，"城郭"亦为"城廓"。中国古代都城、封国，乃至州、郡、府、县，大多筑有不同规模或等制的城墙。四面围合的城墙，其首要功能在于防卫，高高的城墙与环绕四周的护城河，共同构筑起坚固的防卫屏障。它的建筑形制，经历了由初始的垒土到版筑，再到夯土外表砌砖，营造雉堞、门楼、瓮城的过程。除防卫功能外，宏伟气派的城墙、门楼还具有明确的方位标识功用，眺望郭门，因识方位，它们成为一座城池的地标性建筑。失去护卫功能之后，逶迤的城垣，宛若玉带的护城河美化了城市景观，历久弥新，古韵生香。

（一）城墙寻踪

明清彰德府古城就是今天的安阳老城。明洪武八年（1375年），大将汤和、李善长等发动民力"甃彰德城"。"甃"即用砖砌筑之意。城墙在原来城围十九里的宋代相州城基址上改筑而成。

> 城池：县城围九里一百十三步，高二丈五尺，阔二丈，外砖内土，凡四门，北拱辰、南镇远、东永和、西大定。[①]

这样的记述沿袭了明代崔铣《邺乘》的说法，说明自明初改筑安阳城池以后，其规模和范围历经400多年未发生大的改变。这段记述的按语说，清代所讲的城郭十九里，是据宋景德年间增筑时"城围十九里"而言，今裁得其半者，是据城之围，而非统郭之四周而言。

彰德府城自古为通都大邑，河朔重镇，改筑后的安阳城为一座几近正方形的城池。四面城墙环绕安阳老城，城辟四门，东永和门，寓意"外安内和"；西大定门，取意"安邦定国"；北拱辰门，意谓"众星拱北辰"；南镇远门，寓意"南北通达，镇守疆土"。四座城门的高台之上均筑有三重檐高大楼阁建筑，巍峨壮观，城楼之下是拱券形门洞，城门楼与左右城墙紧密相连。南北大街为纵贯南北的中轴线，将城内城外的街坊一分为二。四面城墙上筑有规整的雉堞，城墙内侧，紧贴城墙是用于战略防御的周回马道，宽四五丈。城外有环绕古城四周的护城河。护城河是古代筑城时就地取土的产物，初名"城壕"，明代筑城时引万金渠水注入护城河。城池的四座城门之外均筑有半圆形的瓮城，为城池防御增加了一道坚固防线。以北城门拱辰门外的瓮城规模为最大，东西长约50米，南北最宽处约30米，俗称"瓮院"，瓮院一直保存至新中国成立初期。

---

① 〔清〕贵泰、武穆淳等纂：《安阳县志》（嘉庆），卷八，《建置志》。

东南城角旧貌（1998 年摄）

老城的四个城角均建有角楼，角楼之下是凸出的巨大方形城墙台基。中国古代城池营造有着严格的等级秩序，彰德府城依明代府城的筑城规制营建。城墙、马道、护城河，加上城内鼓楼、钟楼、城隍、府署等诸多重要建筑，在 600 多年前的明初，投入了多少工匠和劳力可以想见，这是怎样一个规模繁浩的巨大工程！

安阳城四面城墙的长度，古代方志记述为"九里一百一十三步"，一说"九里一百二十步"，这里沿用了《周礼·考工记》"匠人营国，方九里"的泛指。古代长度计量单位与今天相比存在不小出入，是按大步计量的。而安阳老城的城墙也不是正四边形，在城门、城角处有凸出的台基，还有瓮城（也称月城）半圆形的城墙，在敌楼处可能还有凸出的马面，这样就增加了城墙的实际长度。安阳四面城墙总长度约 6.6 公里，直线长度约为 6 公里，要远多于"九里一百一十三步"这个泛指。老城外的四面护城河全长 6.33 公里，现今实测四条环城路路中的周长约 6.55 公里。古城墙的内部结构为版筑夯土，表面由里而外为砌筑规整的城砖，高约 9 米，宽 5—6 米。

有着 600 余年历史的明代安阳古城墙，见证了历史的沧桑变迁，经过明清两代多次修葺，其形制和功能渐趋完备。直到 1949

西南城墙环城公园（2011 年摄）

东南城角魁星楼（2019 年摄）

年安阳解放以后，失去了护卫功能的城墙，于 1951 年 1 月 25 日起开始分段拆除，至同年 7 月底基本被拆完。当时还保留了五座城门、四座城墙角和七座炮台。此后，随着城市扩展和道路修建，城门、城角及其残垣断壁、夯土基址也逐渐消失，仅剩下西南、东南两处城墙角遗迹，以及环绕古城四周的护城河，为今天人们标记着安阳古城的城郭和范围，成为古城格局的重要元素。

西南城墙角于 20 世纪 50 年代初辟为"环城公园"，修葺成为三角湖公园之胜景。《重修安阳城角楼记》碑载："夫河朔重镇，首称相州，殷邺文明，向属彰德。盘庚都之，而号令天下，孟德据之，而颐指大国。唐宋金元诸代，或置雄藩，或守大员，冲要之区，何曾等闲视之。"[①]值得欣喜的是，随着安阳古城保护整治复兴的实施，东南城墙角即将得到保护和修缮，修建明代城墙遗址公园，修复城墙、角楼、魁星楼，重新展露出彰德府古城墙的风采。

（二）城墙、城门纪事

1375 年　明洪武八年，在唐宋相州城基址上改筑的彰德府城筑成。府城城墙外砖内土，城辟四门，北拱辰、南镇远、东永和、西大定。城门、角楼高大巍峨。又建 40 座敌楼和警铺。

1477 年　明成化十三年，彰德府知府曹隆重修城墙、城门。

1677 年　清康熙十六年，彰德府知府邱宗文重修城墙、城门。

1694 年　清康熙三十三年，彰德府知府汤传楷捐俸重修东门。

1713 年　清康熙五十二年，北城门楼失火焚毁，安阳县知县徐树敏捐俸主持重建。

1729 年　清雍正七年，四面城垣及东、西两座城楼岁久倾颓，安阳县知县李闻懋捐俸主持重修。

---

① 张之：《慰芹庐文存续编》，中国文史出版社 2014 年版，第 56 页。

1762 年　清乾隆二十七年，安阳县知县戴清修城。

1779 年　清乾隆四十四年，安阳县知县彭元一捐俸增修四门城楼。

1932 年　西城墙开辟第五座城门新安门，寓意建设新安阳，俗名"小西门"。

1933 年　民国安阳县政府主持修葺南门镇远门城楼。

1949 年　5 月 5 日解放安阳战役中，攻城部队将北门东、大西门两侧炸开三处几十米宽的豁口，次日清晨攻克安阳城。同年，在小西门外建砖拱石面桥一座。

1950 年　在五座城门附近，开辟与城外街道连接的五处马道口，便利通行。

1951 年　1 月至 7 月，安阳市政府城建科主持拆除安阳老城四

巍峨的城墙角楼

面城墙。同年，开辟穿城泄水道4条，建西城门砖拱桥1座。

1956年　拆除四座城门、角楼，包括城中鼓楼台基、鼓楼洞子。

1967年　东北城角夯土基址处建灯塔医院门诊楼。

1973年　所有城门、城墙残迹悉数拆除。翌年，西北城角夯土基址处建安阳饭店，后更名相州宾馆。

1984年　西南城角修葺，建角楼，其上张挂"文峰在望"牌匾。角楼已非旧貌。

2016年　东南城角周围居民楼房动迁，规划修建明代城墙遗址公园，重现彰德十六小景之"魁星取水"。

第二章
城渠相依

　　水是城市的命脉。中国古代城池营造的重要法则，就是"临水而建，傍水而居"，城为城郭，池为水系。因依山傍水之势，以利繁衍生息。枕山带水安阳城，漳洹拱卫，城渠相依；汤卫襟带，水运便利，自古与水相伴相生。

　　古代先民为明清彰德府古城营造了功能完备的智慧城市水系，这个庞大的四级干支水系由洹河、万金渠、护城河、城内坑塘组成。护城河在古代除了发挥重要的防御功能之外，还与城内的众多坑塘连通，共同发挥着生活用水、仓廒防火、蓄水排涝、灌溉城外农田、美化城市景观的作用，为安阳古城带来勃勃生机和水的灵性。

一、洹漳哺育安阳城

　　安阳古城位于华北平原南部太行东麓，由山地向平原过渡的漳河、洹河冲积平原。这里位居天下之中，西依太行，东望齐鲁，北扼幽燕，南达中原，四省通衢。城市与水相伴共生，横贯市域的洹河是安阳的母亲河，洹河文化是安阳文化的缩影。1950 年安阳解放之初，拟订安阳市第一份建设计划建议书的城市规划专家张又新先生这样写道："地理上若无洹河，历史上决不会有安阳城。"①

洹河，古称洹水，又名安阳河。从人类出现以后，她便与我们的先民朝夕相伴，生生不息，哺育了辉煌灿烂的殷邺文明。"洹水"一名，最早见于殷商时期，从安阳殷墟出土的甲骨文字中曾发现有"洹"字记载。因河水流经安阳县，自隋朝以来又称安阳河。

洹河发源于风光秀美的林州市林虑山东麓清泉村，有黄华河、陵阳河、桃源河三条源头涓涓汇流，中下游横贯安阳全境，在内黄县范羊口注入卫河。从西部山地到东部平原，洹河全长164公里，流域面积1953平方公里。洹河上游有一段奇特的"伏流"景观，地下河流到安阳县善应镇的小南海，无数泉眼从地下涌出，宛若串串珍珠，汇流成河，河水清澈见底，清凉甘冽，络丝绦绦，这是大自然赋予这片土地的恩赐。水冶镇依山傍水，历史悠久，因东魏高隆之引珍珠泉水鼓风冶铁而得名。洹河孕育了灿烂的殷商文明和洹河文化。她从山地一路走来，蜿蜒东流，为安阳这片土地带来丰厚的自然人文景观。始建于唐代的高平渠，今名万金渠，引洹河水东流环绕安阳城，护卫着千年古城，灌溉万亩良田，哺育一方百姓。

上古时期，洹河沿岸是大片的森林湿地，土壤肥沃，气候温润，为先民的生存和发展提供了优越的自然环境。早在距今两万五千年至一万一千年前的旧石器时代，小南海原始人就在这里繁衍生息，被定名为"小南海文化"。从那时起，古老的文明就在洹河岸边吟唱。盘庚迁殷，齐桓公筑邺城，苏秦拜相，章邯项羽结盟洹水南殷墟上，曹操踞邺开凿洹水新河，北魏韩陵之战尔朱兆夹洹水而军，后赵石虎筑凉马台于洹畔，唐九节度使陈兵安阳河北，直

① 张又新：《安阳市城市建设计划建议书》，1950年纸本。

到清末袁世凯隐居洹上村。"千年古都百回演义，一掬洹水半部春秋。"一部洹河史就是古都安阳的历史。古代安阳八大景中，"善应松涛，柏门珠沼，漫水长虹，鲸背观澜"四处景致均源自洹河上游和安阳城区；其余四景"鹿苑春晖，龙山积雪，漳河晚渡，韩陵片石"，也源于这片洹河、漳河浸润滋养的土地。

漳河，发源于山西省平顺县，流经林州市、安阳县北部和临漳古邺地。浊漳、清漳二源头交汇于磁县观台镇，漳河流域面积1.8万平方公里。春秋时期，齐桓公在漳河之滨初筑邺城。战国初期，魏文侯以西门豹为邺令，西门豹破除了"河伯娶妇"的恶俗，发民力开凿了中国历史上最早的大型渠系灌溉工程之一"引漳十二

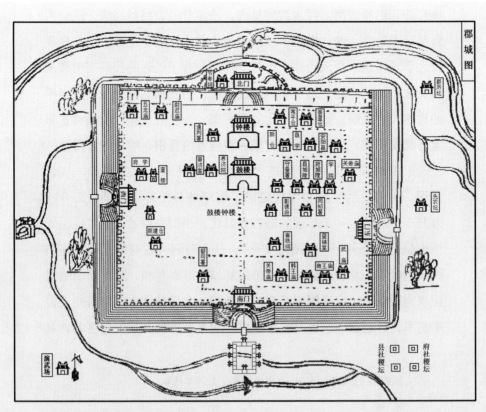

清乾隆五年（1740年）彰德府城及水系图

洹河今貌（1993 年摄）

渠"，殷邺故地得以灌溉，农业发达带来富庶和强盛。东汉末年，曹操营造邺北城，筑天井堰，修长鸣沟供邺城用水。唐高宗咸亨三年（672 年），刺史李景引洹水溉田，延续至今。北宋至和年间（1054—1056 年），韩琦疏渠入州城，修湖建亭。

新中国成立后，英雄的林县人民引浊漳水，在太行崇山峻岭间修建了举世闻名的人工天河红旗渠。诚如安阳地方史志专家吕何生先生所言："从古至今，我们的先人和前辈在洹河和漳河流域创造了灿烂的文化。洹河和漳河像两条金线贯穿数千年的安阳历史，而在其怀抱中的众多文化遗址，宛如色彩斑斓的珍珠和贝壳。"①

悠悠洹河、漳河水，哺育了 3000 多年前的殷商文明。灿烂的邺文化以建安文学、都城营造、佛教传播、民族融合著称于世，殷都、邺都合称为安阳大古都。

---

① 吕何生：《安阳洹漳文化体系研究》，载《洹北集》，安阳古都学会 2021 年编印本，第 288 页。

二、李景开凿万金渠

山川秀美的安阳境内，有一条自西向东长流的万金渠。自她诞生之日起，1300 年来，成为流淌在城市肌体上的血脉，滋润着安阳这方丰腴的文化沃土。

唐高宗咸亨三年（672 年），相州刺史李景发动民力于安阳城西 40 里洹河上游高平村西起石塞堰，引洹水入渠，依次设曲沟、流寺、盖村、孙平四道水闸，东流溉田 20 村。万金渠东流至安阳老城大西门外，向南、北分为两支，环绕安阳古城。北支沿护城河北流，经北关进水闸，东到安阳县白璧镇。南支沿护城河南流，经老城东南角，东南到安阳县高庄乡。渠水至县城东南越官道入广润陂，又东汇入卫水。因渠首位于今安阳县曲沟镇的高平村，故得名"高平渠"。千百年来，这条水渠穿越历史时空，惠泽百姓民生，拱卫安阳古城。在安阳历史文明的发展进程中，万金渠发挥着卓著作用。

隋大业三年（607 年），隋炀帝曾改相州为魏郡，治所在今安阳城。唐朝建立后，于高祖武德元年（618 年）复改魏郡为相州，领 8 县。到唐咸亨年间（670—674 年），李景任相州刺史，他主持修筑的高平渠水利工程，极大改善了相州魏郡的农业灌溉条件，农业的

万金渠旧影像

水清岸绿的万金渠水系

增收，使人民的基本生活得以保障。

　　唐天宝十四载（755年），"安史之乱"爆发。唐肃宗乾元二年（759年），郭子仪、李光弼、王思礼等九节度使围困安庆绪叛军于相州城（邺郡）。官军壅洹水而灌之。"洹水"，即为当年的高平渠，这场战争以官军溃败而告终。自唐代始筑，经五代至北宋年间，高平渠淤塞严重。北宋至和年间（1054—1056年），三朝宰相安阳人韩琦治理相州，他发动民力疏浚高平渠，自城西引渠水沿城壕北流，分水入城灌注园池。当年韩琦在相州城内州廨以北修建康乐园，内有昼锦堂、醉白堂等著名建筑。韩琦还在城北渠上置两座水碾，制造酒曲，以纾民劳。后来，相州知州李琮，又在渠源增开新渠口，使渠水进水量增大，除供水碾外，余水北流至清流村北泄入洹河。因北宋高平渠"日溉田千顷，民乐其利"，故改名为千金渠。①

---

　　① 许作民：《安阳古今地名考》（增补本），中州古籍出版社2016年版，第123页。

元代"以渠岁所灌溉，利不下万金"，更名为万金渠。[①] 元代对万金渠再次疏浚，《安阳县金石录》载元《商王庙碑》有"六峰秀而明，万金通而利"的记载。明代多次疏浚、扩修万金渠，高平、万金二名并用。又增建石闸、石堰，开挖十条支渠以扩大万金渠的灌溉面积。清代至民国历有整修，南、北二支渠又称南万金渠、北万金渠。清乾隆十年（1745年），又新开中万金渠，自古城东关经盖津店、瓦亭等村，灌溉二三十个村庄，长约25公里。彰德府城内外水系环绕，万金渠造福一方百姓。

流水无言，逝者如斯。李景，这位唐代地方官吏的历史功绩绵延后世。正如清人王伯勉在《重修万金渠碑记》中所言：万金渠"究其所始，盖开自唐刺史李景，日溉田千顷，民乐其利云。迄于宋，历年久而多壅，魏公韩琦重浚之，是以人谋灌溉之利者，颂刺史之功并称魏公之德而不衰"[②]。

新中国成立后，万金渠经过一系列整修，又从上游水库引水，增加水源和灌溉面积，使下游200个村庄受益，灌溉农田达40余万亩，还担负起安阳钢铁厂、安阳电厂的生产供水。古老的万金渠，发挥了巨大的供水效益。

三、穿越历史护城河

古代城墙外的护城河也称"城壕"。安阳护城河水，源自唐代相州刺史李景主持开凿的万金渠。万金渠水自西向东注入护城河，在今大西门以北处南北分流，环绕安阳古城，其下游经北万金渠、东关婴儿沟，南万金渠排向城外，灌溉城外十万亩良田。

---

① 许作民：《安阳古今地名考》（增补本），中州古籍出版社2016年版，第124页。
② [清] 黄邦宁修：《彰德府志》（乾隆），卷十九，《艺文》。

护城河今貌（2016 年摄）

昔日的护城河，"壕阔十丈，水深者二丈，浅者八九尺"[1]。据此推测，明代护城河水面宽将近 30 米，深 5—6 米，沿河两岸的大片垂柳随风摇曳。我们可以想见，当时的城墙、护城河是何等壮观，在发挥防御功能的同时，又是一幅美不胜收的图景。

北宋仁宗至和年间（1054—1056 年），三朝贤相韩琦治理相州时曾疏浚城外河渠，引水入城中园池。明太祖洪武初年，大将汤和屯田安阳，在宋代相州城的基础上改筑安阳城，现在的安阳老城就是明初所改筑安阳城的历史遗存。明万历二十三年（1595 年），安阳县知县疏浚高平渠。在流寺、盖村二支渠开辟斗渠 13 条，城东则分北、中、南三渠，城墙外面的护城河也随之成为现在的形制，并延续至今。

环绕安阳古城一周的护城河，全长 6328.8 米，其中东环城河道

---

① ［明］崔铣：《彰德府志》（嘉靖），卷一，《地理志》。

长 1533.4 米，南环城河道长 1667.0 米，西环城河道长 1482.6 米，北环城河道（今解放大道）长 1645.8 米。昔日的护城河水面比现在宽阔了许多。其后几百年间，护城河有淤有修。清乾隆二年（1737年）再次疏浚，改为面宽五丈，底宽三丈，深五尺。瓮城外河宽三丈，较前规制有所缩小。清代，南门镇远门东侧城墙下筑有两处水门，城内积水可沿水门向东南排入护城河，今南门东街的水门坑为其遗存。护城河、城内诸多坑塘与安阳老城的城门、城墙有着同样悠久的历史，它们为千年安阳古城平添了一道坚固的防护屏障。

四、水光映照的风景

古代修建城墙和城门需要大量土石，就地挖坑取土成为最便利的选择。于是，在城墙的四周和一些高大建筑物的近旁，就出现了大大小小的土坑，这就是坑塘最初的由来。

洹河塔影

坐落于老城西北隅的文峰古塔，历经千年风霜雪雨，见证了安阳古城的沧桑变迁，犹如伞状的秀美独特建筑风格，成为安阳人心目中最美的地标建筑。在文峰塔西南不远处，静静荡漾着两汪水塘，中间由一座石桥连接，这就是老城人熟悉的褡裢坑。褡裢坑，因其中间被石桥分隔，形似褡裢，故而得名。由于文峰大道的开通，这里车水马龙，成为人们

褡裢坑旧影像 　　　　　　　高阁寺坑旧影像

经常看到的老城坑塘。在它的周边，还有小嘴坑、纱帽坑两处邻近的坑塘，名称因形状或历史传说而得名。

　　老城里景致秀美的坑塘还有三角湖。三角湖，原名三角坑，是安阳老城西南角一个面积较大的坑塘，因古代修筑城墙时人工取土而形成，以形状酷似三角形而得名。新中国成立后，随着城墙分段拆除，利用城墙基址修建的环城公园，将三角湖囊括于内。三角湖公园于1953年建成开放，园内明清彰德府城古城墙遗址彰显着历史的厚重。由于三角湖地处城内地势低洼处，雨水污水长年汇流，湖水污染。2012年11月至次年1月，三角湖实施环湖污水截流工程，水质得以改善。2013年春，封闭了多年的环湖长廊经过整修重新向游人开放，泛舟湖面，水榭亭桥，杨柳依依，鱼翔浅底，碧波荡漾。城墙角楼张挂"文峰在望"匾额，古城风光旖旎如画。

　　在老城中部，一般认为后仓坑是一个死水坑塘，它的水由何而来呢？历史上的后仓坑，为宋代贤相韩琦治理相州时修建的康乐园水池，据《新修相州园池记》记载，韩琦在州署内增设了甲杖库，引万金渠水注入康乐园北面的水池。这就是说，后仓坑原来也是与护城河水系连通的，才得以保持坑塘水质的清洁。在老城人的记忆中，原来的后仓坑比现在要大出许多。后仓坑和附近街道都以"仓"字命名，缘于明清两代彰德府署的粮仓府库常平仓、崇宁仓就设在后仓坑东北岸。以前这一带还有县胡同坑、二爷坑、高阁寺坑等几个坑塘。从后仓坑的面积和所处位置看，古人显然是有防火的考虑，它们紧挨着粮仓府库，护佑粮食仓储安全。

老城区东北部，能与三角湖和后仓坑面积比肩的就是马莲坑了，它曾是安阳老城里面积最大的坑塘。整个坑的形状犹如阿拉伯

三角湖景色

数字"7"，竖为前坑，横为后坑，水面开阔，蓄水量较大，昔日的马莲坑也曾广植莲藕，柳岸花红。20世纪中叶，马莲坑的水很干净，当年还有渔业社的渔夫泛舟水面，在马莲坑里张网捕鱼，更不乏悠闲的钓客。在老城人的记忆中，盛夏酷暑的时节，大小鱼儿会翻着肚子漂在水面上，嘴巴张、尾巴翘，在坑里泛起层层白浪，老安阳话俗称"翻坑"。不过，这样的美好记忆已消失近半个世纪了。从昔日的老照片中，常常能看到妇女们在老城的坑塘旁洗衣服的身影，那清脆的杵衣声回响在古城的晨曦中。

老城东北隅的马莲坑，也是修筑城墙角楼就地取土的遗存。因其紧挨着城墙，四周地势较高，唯独马莲坑这一带地势低洼。每逢降雨，雨水就会从附近街巷向坑塘汇集流注。马莲坑泄洪的溢流水道设有明渠，也有暗渠，水向南流经今红庙街的位置再折向东，与护城河连通。坑水一旦越过正常水位，便会向护城河溢流。而城西的纱帽坑、小嘴坑与褡裢坑之间，则有地下石砌方涵连通，然后通向护城河。老城南镇远门附近过去还建有水门，御路街南端至护城河之间的水门坑即为水门的遗存，它们是构筑于城墙下面的河渠通道，有闸门启闭，在古代兼具排水与战略防御功能。正是坑塘的石涵水道与环城河连接，使得看似死水一潭的坑塘有了与环城河活水的相互交融，几百年来，老城坑塘水系始终清水荡漾的景象也源于此。

五、造福桑梓的水系

1963年8月上旬，安阳城区遭遇百年一遇的洪涝灾害。暴雨从8月1日至8日连绵不断，总降雨量达到596.1毫米，这相当于平常年份接近全年的降水量。由于洹河上游泄洪，洪水暴涨，致使

调蓄水位的坑塘水系（2008 年摄）

下游堤坝决口无数，安阳城区也未能幸免。这场洪灾，使城外部分街道的洪水深达 1 米以上，有的甚至达到 2 米，南环城路积水长达 7 天，造成巨大经济损失。这是新中国成立后有气象记录以来最严重的一次暴雨灾害。

反观安阳老城，除了城内西南隅的西营街、西南营街一带出现少量积水外，其他地方均安然无恙。这归功于安阳老城的蓄水排涝系统。它由三个部分组成：一是环绕老城四周的护城河；二是城内星罗棋布的坑塘，通过修筑于地下的石砌方涵，将坑塘与护城河有机联系起来，坑塘发挥着集雨排涝的重要作用；三是城内龟背形地势与高台民居相组合的建筑形制。房屋筑于庭院内的台基之上；街道两旁成排的民居院落又筑于临街门台之上。古城内每个坑塘的调蓄容量以及每条街巷、胡同的高程似乎经过了精确的测算，能够抵御百年不遇的暴雨洪涝灾害。这与当今倡导的"智慧城市""海绵城市"理念有着异曲同工之妙。以前的老城区没有排水管道，只有民居院落中的"水道眼"和部分街道边缘的排水明沟，雨水却能沿

着街道的自然地势顺畅地
排入坑塘、护城河。即使
"连续降 100 毫米的雨量，
城内不致被淹，坑塘对老
城区防洪排涝发挥了巨大
作用"[①]。这样的老城水系
在 600 多年前就形成了。

科学完备的水系，再
加上老城中间高、四周低
的龟背形地势，古代先民

三道街的高台民居（1998 年摄）

依靠自然与创造的结合，为安阳老城构筑了独特的防洪排涝体系，
这一体系已经良好"服役"了 600 多年。它让许多现代城市的排水
系统相形见绌。每逢夏季，当现代城市的人们饱受暴雨内涝之苦，
古代先民的睿智，却足以使千年安阳古城安然无恙。一个个散落在
老城区的坑塘，隐含着先人的汗水，更凝聚着古代劳动人民的筑城
智慧。正是由于它们的存在，使安阳老城在其后的数百年间从未遭
受过暴雨内涝的侵害。安阳古城以其独特的筑城智慧默默地体现着
自己的价值，直至今天，我们依然享受着先人睿智的泽光。

六、清波绕城的憧憬

如今缺水的安阳，曾经河湖密布，清波绕城。昔日万金渠流经
今铁路以西和南关一带，水量充沛，形成了发达的自然环流水系。
城西的圭塘名园享誉河朔，南关来鹤楼畔也曾小桥流水，景色宜

①　安阳市水利志编纂委员会：《安阳市水利志》，黄河水利出版社 2005 年版，第
341 页。

人。它们是流淌于城市肌体的血脉，滋养着世代生活在这里的人们。

昔日老城区坑塘的数量，虽然没有确切的文献记载，但根据现有史料和老城人的回忆，这些坑塘从老城西北隅沿城墙四周，依次分布有纱帽坑、小嘴坑、东西裙裾坑、哑巴坑、三角湖、水门坑、六府坑、东南营坑（东三角坑）、后卫尖子坑、东平府坑、西平府坑、马莲坑、锅底坑；在老城中部有后仓坑、县胡同坑（二爷坑）、高阁寺坑、狮子坑、五中南院坑（老爷坑）、下洼南坑、下洼北坑、后卫坑等。老城区原来共有 20 多个坑塘，水面面积 200 余亩，总容水量达 39 万立方米。众多的坑塘分布于老城之中，不仅起到防洪排涝的作用，一旦遇有火情发生，百姓可以就地取水，起到消防的作用。城内州署以北的后仓坑周边分布着粮仓府库，是城市经济民生的命脉所系，其消防功能显得尤为重要。安阳老城外的四关，也是水系环绕，河渠潺潺。随着时间的推移和城市的变迁，许多河渠、坑塘已经从人们的视线中消失了。

光阴荏苒，时空流转，老城水系与安阳老城相伴相生，共担风雨。它们护卫着老城，也护佑着一代代老城人的生活。然而，随着城市的变迁，老城水系也经历着越来越大的生存压力。工业生产，人口剧增，河道变窄，坑塘

老城坑塘水系（2016 年摄）

消失，格局改变，水系污染。据 2000 年的调查显示，平均每天有 1.46 万吨未经任何处理的污水直排护城河。坑塘的数量也由原来的 20 多个锐减到 7 个，水面面积减少了近 70%，坑塘的自然蓄水排水能力大为降低。西、北两面的护城河，河道被建筑物占压覆盖。昔日安阳老城柳岸风荷的水系景观，也只能存留在人们的记忆之中了。但老城区现存的坑塘水系，在城市防洪排涝中依然发挥着重要作用，美化着人居环境，灌溉着城外万亩良田，更为我们延续着悠远的城市记忆。

2002 年 6 月，为配合正在开展的"一申四创"工作（殷墟申报世界文化遗产，创建中国优秀旅游城市、国家卫生城市、省级园林城市、省级文明城市），安阳市决心整治城市水系，组织有关部门制定了《安阳市环城河坑塘湖污水治理方案》。其中提出环城河整体治理，要通过引清截污和生物净化技术，以期达到"清清的河水绕城流""潺潺流水，微波荡漾，花草摇曳，鱼翔浅底，灯箱映照，水色交融，游人信步，回想无穷"的目标。如今的城市水系已得到疏浚治理，恢复了水清岸绿的自然生态。

七、生态水系的修复

穿越千年历史沧桑的护城河，不仅是环绕老城区唯一的雨水排放渠道，也是安阳古城历史文化与自然地理要素相互融合的重要载体。护城河水系的生态修复和整治，关键在于水质改善和水位提升，在于万金渠上游水质的治理。自 2010 年以来，安阳市住建部门先后实施西营街 4 个坑塘连通管涵的疏通修复，坑塘清淤换水；对大西门北侧万金渠进水口、马莲坑水位进行科学调控，保持水位。从 2016 年起，开展了以坑塘水系污水截流为主体的"城市

经过治理的后仓坑（2018年摄）

水系治理工程"，从万金渠上下游至护城河、坑塘周边建污水截流系统，封堵污染源，实行雨污分流，护城河水系的水质得到明显改善。

2016年4月，古老的后仓坑迎来有史以来规模最大的综合整治。坑塘彻底清淤，通过泵站将截流的污水排入文峰北街污水管网，再由东风路护城河引清水经仓巷街注入坑塘。后仓坑这座修建于北宋时期的著名园池，将重现昔日水清岸绿的风采。

疏浚后仓坑记

彰德古相，荟萃人文。一泓后仓坑者，乃相州州廨之园池，昔北宋贤相韩琦三治相，引千金渠水灌之。又临府库仓廒，因名。今欣逢盛世，历清淤、截污、护砌，建泵站引护城河清流。坑塘活水循环往复，睡莲、芦苇自然净化。柳岸风荷、鱼翔浅底之胜景重现。此乃绿色发展之肇始，生态文明之典范。是为记。

岁在丁酉二〇一七金秋 ①

在即将实施的老城水系景观规划中，护城河河面将向内拓宽，形成宽 10 余米的河面。建成环城绿带和城墙、城门、城河市民休闲娱乐健身区，恢复护城河生态防洪的历史功能。拆除沿河、覆河建筑物，使河道与周边城市干道形成通透的生态景观廊带。将石砌护坡改为驳岸，栽植绿色水生植物，以利自然净化。建造亲水游廊，让古老的护城河串联起洹河塔影、角楼夜映、镇远城壕、舍后清渠、魁星取水等众多城市文化节点，营造"一水护城，碧带环廊，清水长流，绿树成荫"的水系景观。从文峰塔畔褙裉坑到三角湖西南角楼和镇远城门，满足小型游船泛舟河面的观光需求。

流淌千年的护城河水系，即将重新焕发出"清波绕城、柳岸花红"的生机和活力。

---

① 安民：《疏浚后仓坑记》，后仓坑东岸步道 2017 年立石。

第三章

衙署塔寺

安阳老城的筑城形制布局谨严，寺塔玲珑，暮鼓晨钟。历代官署府衙位居古城内偏东部位，街坊分布左右基本对称。民居四合院落坐落于宁静的胡同巷陌中，城内外遍布市集作坊。方格状街坊围合相连的衙署寺塔、文庙学宫、府县城隍，构成统一而多样、循礼而不逾矩的整体城市形态，呈现出美轮美奂的古代城市景观。

一、邺下壮观话鼓楼

明清两代的安阳城为彰德府治所，改筑于明洪武初年的彰德府城，遵循了中国古代城池方正围合、中轴对称、功能分区的营造法则。高大的城垣之外护城河四面环绕，城内十字大街连通着幽静曲折的九府巷陌。南北大街中轴线上，次第分布着拱辰门、钟楼、鼓楼、镇远门；城内十字大街交会处，便是巍峨高大的鼓楼，成为府城中最为雄伟壮观的标志建筑。

（一）沧桑鼓楼

安阳城中鼓楼的建造，是与明洪武初年府城的改筑同时进行的。它位于老城西大街东头与南大街、中山街交会处，自建成之日

鼓楼旧影像

起至失火焚毁，矗立安阳老城近600年，见证古城兴衰，阅历沧桑变迁。

兴隆街当南北通衢，中建谯楼。

明洪武初，筑土垒砖为高台，上建重楼三间，悬有滴漏铜鼓。[1]

明代弘治年间（1488—1505年），彰德府知府刘聪主持重修鼓楼，上悬滴漏铜鼓，高台之上，楼阁四面回廊环绕，明柱耸立，高台之下的拱券形门洞连通着南北大街。清乾隆四十四年（1779年），安阳县知县彭元一捐俸增修鼓楼，不仅将楼台增高，台基加宽加

---

[1] 方策、王幼侨修：《续安阳县志》（民国），卷十二，《建置志》。

长，还在楼台周围增建了雉堞。楼阁扩建为面阔七间，进深三间，成为一座三重斗拱飞檐的高大楼宇，楼内之门前后贯通，环廊周回，鼓楼变得更加雄伟壮观。时任彰德府知府卢崧题写的南、北匾额分别为"邺镇""洹光"；向南的长匾为"式是南邦"。到了民国初年，鼓楼已不再具备报时功能，南面又增悬了"邺下壮观"匾额，成为百姓登高望远的地方。从鼓楼坡拾级而上，登台远眺，墙垛环绕，西望太行远山含黛，钟楼文峰近在咫尺，南北大街店铺栉比，游人如织，老城风光尽收眼底。

昔日的鼓楼台基呈长方形，高约9米，东西长近50米，南北宽40米，同鼓楼洞子等长。台基下面的通道，安阳人称为"鼓楼筒呐"。这里南北通透，夏季过堂风劲吹，成为人们休憩纳凉的好地方。冬天，孩子们在人缝儿中来回追逐嬉戏，商贩儿们则忙着张罗糖炒板栗、冰糖葫芦、馏红薯、小花生仁儿的生意。

1928年，北伐战争结束。伴随着新思想新文化在安阳的广泛传播，鼓楼上建起了中山图书馆，成为安阳城内的读书阅报场所。当时的中山图书馆楼上楼下共40余间房屋，藏有古今图书上万册，报刊数十种，据说还有《四库全书》《大藏经》等珍贵古籍善本。1931年，鼓楼台基西北隅设置铜钟报时，西南隅竖起一通"整理田赋纪念碑"。阅历数百年沧桑，鼓楼成为人们心目中的城市象征。

（二）浴火涅槃

时光定格在1935年6月4日凌晨，第二天6月5日便是农历乙亥年五月初五端午节，祝融火神蓦然间光顾了这座巍峨的楼宇。这天凌晨2时许，滚滚浓烟伴着冲天的火光，映红了古城的半边夜空。栖息在楼檐里的鸽子惊惧地扑向暗夜，中山图书馆内存放的大量珍贵图书被付之一炬。鼓楼周围街道和商铺的民众一片惊恐，面对高台之上的熊熊火焰，人们束手无策。救火已是杯水车薪，只能眼睁睁看着鼓楼檐阁被烈焰吞噬，继而轰然坍塌。

当南关裕大轧花厂的自备消防车赶到现场时，为时已晚。这场突如其来的大火，起火原因有人说是因电线短路所致，也有人说乃盗书灭迹者所为。但无论如何，安阳老城雄伟的鼓楼从人们的视线中消失了。鼓楼遭焚毁后，高大的鼓楼台基依然存留二十载，它见证了安阳解放的重要历史时刻。

（三）鼓楼坡街

位于府城中心的鼓楼，为全城地势最高处。安阳老城的地势呈龟背形，便利自然排水，使千年古城免遭洪涝之灾，体现了古代劳动人民高超的筑城智慧。古人很讲究风水和方位，官衙及城市的重要建筑都是坐北朝南而建，面南为尊位。老城里依鼓楼而命名的街道，有鼓楼前街、鼓楼后街、鼓楼东街、鼓楼坡街，均依鼓楼方位命名。鼓楼坡街，因"有坡登楼"而得名。家住鼓楼坡街7号院的姚吉仲先生虽年逾八旬，依旧风度儒雅，神采奕奕。姚先生自幼生活在鼓楼附近，早年曾随父亲一道经营鼓楼坡街的百货瓷器"义顺成"老号，对鼓楼往事记忆犹新。姚先生讲述，位于鼓楼坡街路西侧临近鼓楼东街口的山门，为昔日鼓楼建筑群落的唯一遗存，乍一看颇似一座大宅院的院门，原来是专门为鼓楼坡盖的山门，是鼓楼的原真附属建筑物。

鼓楼坡街（2013年摄）

昔日的鼓楼坡道宽

5米，长50余米，较为平缓，中间是竖砖渐次垒砌的"蚂蚁坡"，大人拉着孩子能直接走上去。坡道两旁分别为台阶，因坡度不大，每隔几层台阶之间便砌有一个踏步平台，供人们歇脚。另外，上下鼓楼只有鼓楼坡这唯一一条通道，右上左下。因为古代建筑讲究保存元气，若设东边上西边下两条通道，则不"聚气"。

（四）早春二月

往昔安阳人的岁时习俗，过了正月十六的安阳桥庙会，紧挨着便是农历二月初二鼓楼城隍庙庙会。早春二月，蛰伏了一冬的人们扶老携幼，随着涌动的人流，逛罢府城隍庙老商场，再沿着鼓楼坡拾级而上，环绕鼓楼台基一周，登楼远眺，西望文峰，东眺高阁，古城风光一览无余。那阵势想必是摩肩接踵，熙熙攘攘。

二月二在民间节令中有着水气萌动、万物复苏的意蕴。人们在这一天结伴出游，祈求天上苍龙赐予百姓风调雨顺的好年景。那曲《二月二》的民谣至今广为流传：

二月二，龙抬头，抱（bu）得（de）孩子上鼓楼。
小菠菜儿调驴肉，吃唠（了）煎饼上鼓楼。

鼓楼，是昔日彰德府城内重要的地标建筑。城郊的一些村落，依距府城中心鼓楼的远近来命名，三里屯、七里店、八里庄、十里铺等，这些古老的村名彰显出城市对乡村的吸引和辐射作用。历经岁月磨洗，鼓楼台基、垛口已变得斑驳陈旧，荒草丛生。1956年拆除了高大的鼓楼台基，中间空旷的地域形成了鼓楼广场。周边汇聚了锦泰恒、清华池、江南包子馆、鼓楼影院等一大批商业文化设施。岁月悠悠，繁华依旧，这里依然是安阳老城的核心地带，凝聚起一代代安阳人的鼓楼情结。

20 世纪 50 年代鼓楼广场

二、声震中天说钟楼

从东、西钟楼巷凝望安阳老城的钟楼，巍峨挺拔的钟楼周围，似乎涌动着一种撼人心魄的力量。现今的钟楼，虽为 20 世纪 80 年代原址复建，但它所具备的象征意义已远远大于建筑物本身，依然向我们传递着安阳古城厚重的历史文化信息。

钟楼、鼓楼历来是中国古代城池的重要标志性建筑。"暮鼓晨钟"是古代城市的独特景致，钟楼内晨钟鸣响，城内店铺便开张迎客，人们开始了忙碌的一天。鼓楼内暮鼓击响，店铺便陆续关门打烊，车水马龙的街市渐渐归于平静。安阳老城钟楼的修建年代稍晚于鼓楼。明代弘治年间（1488—1505 年），彰德府知府刘聪主持修建钟楼，地处城内南北主街，周围的街道地势较高。钟鼓、鼓楼与镇远门、拱辰门南北两座城门楼形成对景，为府城城脉所系。

位居北大街、中山街交会处的钟楼，东、西两边的街道分别为东、西钟楼巷，邻近郭朴祠。这是一座雄伟的高台建筑，台基高 7 米以上，上建重檐歇山式楼阁，台下四面均有拱券形门洞连通东西南北，便利通行。钟楼建成之初，上置大钟报时，同时还能震慑匪盗，保境安民。钟楼内悬挂的那尊明代铜钟，重860公斤，系铜掺银铸就，敲响时声音洪亮，十里相闻。钟楼历经200余年风霜雪雨，到了清乾隆四十四年（1779年），安阳县知县彭元一将自己的俸禄捐献出一部分，组织工匠修缮钟楼。时彰德府知府卢崧为钟楼题写的匾额，前曰"闻天"，后曰"瞻极"；北面长匾为"瞻天尺五"，南面长匾为"声震天中"。民间相传，每年农历夏至日的正午，钟楼四面均无阴影，这一现象与钟楼的奇特构造有关，是由于原来的钟楼台基倾斜角度小于太阳光直射角度。民国时期还有人专门验证过，确与传说相合。"瞻天尺五"是说站在钟楼台基之上，仰望楼阁那振翅欲飞的双重飞檐，好似距天只有一尺有五之遥，这一奇异景观成为古代著名的"安阳十六小景"之一。

1928年，受二次北伐战争时局影响，安阳县署又重新雇人按时敲钟报时，更换了楼阁之上悬的匾额，一块题写"唤起民众"，另一块题写"惊醒睡狮"。1932年，县署在钟楼平台四周增建了围房，将楼阁内的大钟撤除，设立民众教育馆，开设新式讲堂，四周围房里展示自然科学图片。当时正是新思潮、新科学蓬勃兴起的时期，教育馆首开民众教育之先河。1937年华北抗战爆发，日本侵略军沿平汉铁路南下，于当年11月4日攻占安阳城。次年，日军驾车在南北大街横冲直撞，一头

钟楼旧影像

1988年原址复建的钟楼（1998年摄）

撞在钟楼上。日军竟以妨碍交通为由，野蛮地将钟楼强行拆除。这座始建于明代的恢宏地标建筑，就这样毁于侵华日军之手，时间定格在1938年9月的某一天。

时光过去了整整半个世纪。1988年春，北大街改造时在原址重建了钟楼，复建的钟楼依据老照片的样式，基本按原规模修建，安阳老城的钟楼获得重生。新建的钟楼高台重屋，雕梁画栋，斗拱飞檐，颇为壮观。楼阁四壁四门，四壁内分绘古代安阳八大景的旖旎风光。高台之下的拱形门洞四面通衢，拾级而上，置身钟楼台基，极目四望，古城繁华尽收眼底，从中体味这座古城的沧桑变迁。

三、阅尽沧桑拱辰门

城门，城市之门。明太祖洪武初年，改筑后的唐宋相州城，成为现今护城河以内的老城格局与范围。城辟四门，北拱辰门，南镇远门，东永和门，西大定门。城内十字大街交会的中心是巍峨的鼓楼，向北依次为钟楼和府城的北门——拱辰门。护城河以内的城北门还建有用于城池防御的瓮城。

拱辰门无疑是彰德府城最为重要的一座城门。"拱辰"为"众星拱北辰"之意，"北辰"代指"北斗七星"。这里地处通衢要道，位置显要。安阳城的北关，向来是城市的中心地带，拱辰门与安阳古城一同阅历数百年风雨沧桑，经历了历史的烽烟战火，多次遭摧毁又经重修，屹立安阳城北 500 年，仿佛一位历尽沧桑的老者，默默注视着往来于城下的芸芸众生。昔日拱辰门高大的三重檐楼阁筒瓦覆顶，斗拱飞檐。20 根明柱支撑起挑檐，一、二层面阔分别为七间、五间，进深二丈，上下直通，楼阁四周均有围廊。楼阁下面的台基东西宽约七丈，高二丈五尺，高台四周建有垛口，宽大的城门券洞位居其中。从那幅拍摄于 1931 年"九一八事变"后的老照片看，赫然高悬于城门楼上的"勿忘国耻"四个大字清晰可辨、苍劲有力，记述着这座城门和民众经历的苦难和他们的奋起抗争。拱辰门三重檐的城门楼毁于战火硝烟，留下残缺的城门台基和城门洞。安阳解放后拆除了城墙和城门台基，北城门遗迹便荡然无存。

时光进入新世纪，伴随着旧城改造的风潮，安阳城北门东侧的卫东商店、聚宾楼、安阳食品厂、解放路旅社、土产公司营业楼等老建筑于 2002 年拆除，新建起一排高大的商业建筑。这些建筑连同门前的广场被命名为"拱辰广场"，成为安阳城北的一处新地标。"拱

拱辰门旧影像

辰"二字，勾起了老安阳人关于彰德府北城门的记忆。北关，一座城门，历经数百年沧桑巨变，见证了安阳城几个世纪的风云际会。如今的北门、解放大道车水马龙，流光溢彩，依然鲜活生色，古朴而现代。这里凝聚着一代代安阳人的集体记忆。

四、钟灵毓秀文峰塔

钟灵毓秀文峰塔，矗立千年安阳城。[①]

这是地标的塔，它与天宁寺殿宇构成美轮美奂的天际轮廓线，成为家园的象征，成为安阳人心中最为依恋的风景。历经千载悠悠岁月，相州邺郡安阳城，河朔重镇彰德府，晨钟暮鼓天宁寺，皆为过眼云烟。唯有这南北丛林冠寺塔，让多少游子魂牵梦萦，梦回故乡。每一次走近它，都会深情驻足凝望，心灵为之良久撼动。

这是神奇的塔，雍容华美，巧夺天工，挺拔俊秀。螺髻状莲花宝座托起上大下小的伞状空心砖塔，奇伟灵秀，世所罕见。平面八角塔高五级，塔檐绿色琉璃瓦映衬红墙，塔顶正中耸立着高大的喇嘛塔刹，踏七十二阶旋梯登临塔顶，西望太行发思古幽情，俯瞰古城叹沧桑变迁。

这是灵秀的塔，斑驳的莲花宝座，八面玲珑的砖柱和浮雕造像，向人们述说着栩栩如生的佛门故事。民国初期，安阳乡绅刘冠瀛等人创办的中兴电灯公司位居天宁寺院，点亮了安阳古城。20

---

① 关于文峰塔的始建年代，通行的说法为后周广顺二年（952年）。明成化《河南总志·彰德府》云："天宁寺，在本府城内西北闻善坊。宋治平二年造浮图宝塔，贞祐间毁。延祐二年明真博济大禅师重修。"宋治平二年为公元1065年，元延祐二年为公元1315年。天宁寺塔又名文峰塔，是安阳城的标志建筑，古塔带有藏传佛教建筑风格，符合元代重修的历史记载。（许作民：《安阳古代纪事》，中州古籍出版社2007年版，第291、316页。）

世纪 20 年代末，这里被改建为中山公园，古老的天宁寺院也曾波光塔影，游人如织。昔日的文峰塔周遭绿树环抱，静谧的街巷和四合院里，夏天除了蝉鸣，不时还能听到的，就是引车卖浆者由远及近又渐行渐远的吆喝声：

绿豆——粉浆——

古城过往岁月的每一个清晨，是被文峰塔檐下那随风摇曳叮叮当当的铜铃声唤醒的。而一到晨昏交替或即将下雨的时分，成群结队的燕子环绕着古塔上下翻飞，追逐盘桓。家

文峰耸秀（1989 年摄）

乡的老人们说，那些燕子是 3000 多年前的生商玄鸟所化，这雨前的不安躁动，兴许是在追寻它们的先祖。

这也是一座智慧的塔，250 年前一个端午节的清晨，彰德府知府黄邦宁携一书童，闲适地漫步于塔畔石桥上。适逢旭日东升，艳阳高起，天宁寺塔偌大塔身的日影，恰好枕落在两汪褯裢坑水之间蜿蜒的石桥之上。塔身犹如一支巨笔，石桥宛若笔架，而那高耸的塔刹恰似笔锋，蘸着周围几个砚池的浓墨书写华章。知府大人敏锐地体察到了这个神秘的意象，巨笔、砚池、文庙、学宫，在这位地方官吏的脑海中蓦然间清晰连贯起来。黄邦宁，无疑是一位中国传

最美安阳景致

统的文人学士，他感悟
到学识和文风对一方地
域的举足轻重；他也慧
眼独具，洞悉了这方水
土所氤氲积蓄的文化潜
能。这位大清乾隆年间
的彰德府知府，于乾隆
三十七年（1772 年）春
三月，主持重修天宁寺

文峰塔檐下精美的砖雕佛像

塔时，以寺、塔"居郡庠之艮位，实关合郡文风"[1]，挥笔在古塔门
楣之上题写了"文峰耸秀"四个遒劲的大字，冀望彰德府城人才辈
出，文风鼎盛，绵延不息。于是，黄邦宁的名字便与这座千年古塔
紧密相连，在这座古城的坊间巷陌久远传诵。

老安阳人习惯称文峰塔为"大寺"，其南边的老街道名为"大
寺前街"。端午节是每年夏日的序曲，文峰塔畔莺飞草长，柳岸花
红。无独有偶，文峰塔与端午节有着深厚的机缘。往昔安阳民俗这
一天要到大寺赶庙会，俗称"鬼孩子"会。"鬼"，在安阳方言中有
"攀比、炫耀"的意思。大人们纷纷怀抱着、手拉着打扮得花枝招
展的孩子，伴着熙熙攘攘的人流登塔逛寺，或许是希冀自己的孩子
能沾上点儿这恢宏寺塔的文曲灵气呢！

洹河塔影，气势若虹，千百年来这里香火繁盛，文风蔚然。文
峰塔与这座城市携手相伴，一同走向明天。

---

[1]　许作民：《安阳古今地名考》，中州古籍出版社 1992 年版，第 203 页。

五、昔日王榭高阁存

明太祖朱元璋去世后，皇太孙朱允炆继位，年号建文。这时，朱允炆的叔父、燕王朱棣就藩北京。由于在对元朝的战争中取得了重大胜利，朱棣的军事实力得以增强，成为明洪武末年北方最强的一镇诸侯。建文四年（1402 年），觊觎皇位已久的朱棣，终于发动了靖难之役，即位南京，年号永乐。从他侄儿建文皇帝手中夺得皇位的明成祖朱棣，担心他的儿子之间为争夺皇位互相倾轧，遂于永乐二年（1404 年）立长子朱高炽为世子，封二子朱高煦为汉王，三子朱高燧为赵王，规定他们到了一定年龄必须赴任封地，永不返京。最终，明成祖朱棣立朱高炽为太子，洪熙元年（1425 年），明仁宗朱高炽继承皇位，年号洪熙。

早在朱元璋在世时，即已钦定了燕王支派后代的辈分用字：

高瞻祁见祐，厚载翊常由，慈和怡伯仲，简靖迪先猷。[①]

明成祖朱棣第三子朱高燧于明仁宗朱高炽登基后的第二年（1426 年），舍却京城一路南行，来到了他的封地彰德，这里在战国时期为赵地，朱高燧因此被封为赵王。明代藩王有极高的地位，岁禄两万石，拥有护卫军。来到彰德府后，朱高燧选中了彰德府城永和门内一里的彰德府署，将这里改建为明赵藩王府，彰德府署由此迁址重建。

改建于明代的赵王府，规模宏大，殿宇巍峨。其中轴线上设四门，自南而北依次为承运门、宫门、端礼门、体仁门。承运门的两

---

① 龙振山：《明代彰德赵王府纪事》，2017 年编印本，第 74 页。

侧，还有遵义门、广智门两座宫门。四重门内为存心殿和内宫，宫
门内以东设立宗庙。而赵王府中最为高大宏伟的建筑，当数我们今
天仍能看到的高阁寺。明代彰德府署在北宋时为相州州廨，元代
设彰德路总管府于此。宋仁宗至和年间，魏公韩琦治理相州时，曾
扩建亭堂园池，增筑昼锦堂、醉白堂于其中。高阁寺在宋代为州署
之中著名的"飞仙台"，其上并无楼阁，由知府杜纯建造。到了元
代，始构筑高大的观音阁于其上，又名"大士阁"。明代，这里便
成为赵简王召见属下和接受朝拜的主要殿堂。自赵简王始，权势显
赫的赵藩王府共历 9 王 218 年（1426—1644 年），直到明崇祯十七
年（1644 年），李自成率领的农民起义军攻克彰德府，末代赵王朱
常㵙退位。

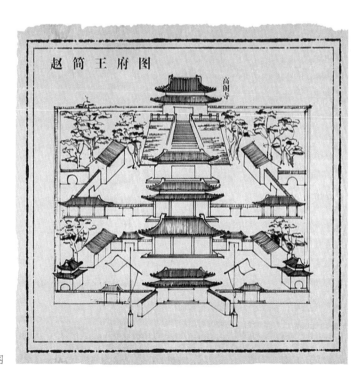

明代赵简王府图

大士阁旧影像

今存高阁寺为明成化六年（1470年）重建。清代高阁寺复改作观音阁，于乾隆（1736—1795年）、光绪（1875—1908年）年间重修，这是一座巍峨的高台式楼阁建筑，台高9米，周回52米。楼阁斗拱飞檐，重檐九脊，殿宇进深面阔各三间，琉璃覆顶，石栏围护，雄伟壮观。正面有汉白玉石阶32层，阁壁须弥宝座四周刻有25尾首尾相衔的石雕游龙，堪为古代工匠的神来之笔。它们神形兼备，奔腾嬉戏，活灵活现，气势非凡。殿堂内采用四根原木通柱，直抵阁顶三层梁架，构成这座坚实稳固的高台木构建筑，展现出中国古代建筑艺术的高超精湛。高阁寺在安阳方言中，称"阁儿""阁儿寺"，读音"gaoer-si"，在民间久远流传，这兴许便是高阁寺名称的由来。民间相传，高阁寺曾为赵简王的"金銮殿"。依形态，它还有着"小龙亭"的美誉。但赵王毕竟雄心不再，终老彰德，明宣德六年（1431年）赵王卒后，谥号简王，葬于安阳县西北石井岗村。昔日，古老的高阁寺与文峰塔、鼓楼、钟楼等城内高大建筑形成对景视廊，在蓝天白云和静谧街巷的映衬下，点缀着美轮美奂的老城天际轮廓。

栉风沐雨高阁寺，屹立千年安阳城。高阁寺于1982年重修，1986年公布为河南省文物保护单位，2013年5月公布为全国重点

高阁寺（1998 年摄）

文物保护单位。如今，阅尽人间沧桑的高阁寺，像一位耄耋老者，它留给人们观瞻的，依然是那朝向车水马龙文峰南街的厚实背影，其真容尚养在深闺人未识，期盼千年高阁寺早日向世人展露出它的风采。

高阁寺须弥座蟠龙浮雕（1998 年摄）

六、官署的旧时风光

明清两代安阳城为彰德府治所。安阳县向为彰德府首县，府、县同城，这相当于后来的市、县同城。府署、县署为地方最高行政权力机构，昔日的安阳城内既有彰德府署，也有安阳县署。

（一）彰德府署

始建于北宋时期的彰德府署，位于当时永定门内宣化坊，又称"相州州廨"，在今马号街路北高阁寺小学一带，今高阁寺为其遗存。

北宋乾德年间（963—968年），节度使韩重赟治相州，大兴土木兴建官署，周围筑牙城，又设武库。"起民兵伐木西山，作州廨，颇极宏壮。"①"州廨"即为州、府之官署。过了几年，宋太祖赵匡胤由汴京北上巡幸相州，见到这座官府时，曾说过"朕居不过是也"②的话。可见相州州廨之建筑群落的确排场宏大，雄壮华丽。到了北宋至和二年（1055年），北宋贤相韩琦治相州，其后杜纯、李琮、韩肖胄又先后治相，韩琦在州廨附近重新修筑了亭堂园池，称为安阳郡园、康乐园。园池之中旧有七堂八亭，包括醉白堂、昼锦堂、忘机堂等雄伟壮丽的重要建筑，又有飞仙、休逸二台，其规制"甲于河朔，雄于河北"③。相州州廨入金为彰德府署，元代改相州为彰德路城，设彰德路总管府于此。位于今马号街高阁寺一带的彰德府署，在当时无论建筑规模还是形制，均为安阳城里最为壮观的官府建筑群落。

明宣德元年（1426年），赵王朱高燧来到他的封地彰德，一眼

---

① ［明］崔铣：《彰德府志》（嘉靖），卷三，《建置志》。

② ［明］崔铣：《彰德府志》（嘉靖），卷三，《建置志》。

③ ［明］崔铣：《彰德府志》（嘉靖），卷三，《建置志》。

便看中了这里，彰德府署只好让位于赵王，改建成为赵藩王府。原彰德府府署移建于"西百武"，即今东大街、鼓楼东街、神路街、南大街围合的区域。安阳城里从此有了"新府""老府"之分。重新修建的彰德府署，位于城内东大街西首路北，坐北朝南，经过明、清两代扩修，建筑规模宏大，威仪森严。府署沿中轴线自南向北依次建大门、正厅，厅后为后堂，后堂后面为知府官厅。前列仪门、六房、永盛库、土神司。府署内东有经历司，西有照磨所、官吏舍。府署门前建有一面高大的影壁墙，其南边的街道便被称为"府照壁街"，后更名"影壁后街"，沿袭至今。1913 年废彰德府，这里改设为安阳县署。1932 年 10 月成为河南第三行政督察区专员

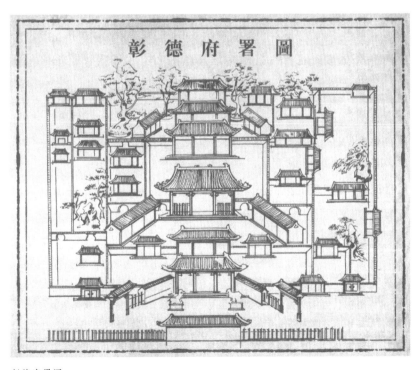

彰德府署图

公署兼安阳县政府的驻地。

1949 年 5 月 6 日清晨，人民解放军攻占了位于东大街的专员公署和安阳县政府，这里见证了安阳解放。20 世纪 50 年代，这里为安阳市人民政府所在地，1955 年为安阳市人民委员会所在地，1961 年为安阳专署文教局使用。直到今天，这座院落里仍保留着 20 世纪 50 年代所建的大礼堂和办公用房。后院的两座清代建筑保存基本完好。历经近 600 年风雨洗礼，彰德府署遗址犹存，其大门背面的梁架为明代构筑，见证了安阳城的沧桑变迁。

（二）安阳县衙

县署，也就是通常说的"县衙"。安阳县署始建于明太祖洪武二年（1369 年），由知县蔡诚创建，历明嘉靖二十六年（1547 年）知县张鹤重修，清乾隆二年（1737 年）知县陈锡辂重修。安阳县署位于城内原光华坊，今县东街与县西街接合部位街道的北侧。县署南面直对的街道名叫县前街，其东南方位紧邻明代赵王府。蔡诚，明洪武初年改筑彰德府城后的首任安阳县知县，县署、庙学都是由他主持修建。据明崔铣《彰德府志·官师志》（嘉靖）记载，蔡诚是一位体恤民情的地方官吏，明洪武初年他履任安阳县知县时，长期战乱使田地荒芜，百姓衣食无着。蔡诚在县署厅堂宴请豪门富户，亲立字据担保将耕牛借给贫苦农家耕田使用，并由官府出资襄助农耕，由是地辟民富，民生改善。

从明洪武初一直到民国年间，安阳县署历明清两代，在县东街、县西街之间历 500 多年，位置未有变动。清代《安阳县志》（嘉庆）记载，县署坐北朝南，规模宏大，建筑群落中轴对称。大门前有照壁，后有仪门，大堂即公堂，位居中轴线制高点，面阔五间，前有抱厦三间，气势威严；其后还设有二堂、三堂。大堂两侧分设礼、户、吏、工、刑、兵六房。县署轴线东侧设土神庙、关

彰德府署旧址，新中国成立之初为安阳市人民政府

帝庙、皂隶厅、内账房、承发房、监狱；轴线西侧设申明厅、奖
善厅、花厅、大书房、签押房、内宅等。直到清宣统三年（1911
年），朝廷下谕裁撤全国府治首县，1912年废安阳县，其地直属彰
德府。1913年又废彰德府，恢复安阳县，这时县署由县东街迁往
东大街，原址改作他用。东大街的彰德府署改设为安阳县署，后改
称安阳县政府。1932年10月，设河南第三区行政督察专员公署于
原彰德府署，时浙江黄岩人方策于次年1月履任督察专员，兼任安
阳县县长。行政督察专员公署始与安阳县政府合署办公。

安阳县署迁往东大街之后，县前街北端的老县署便失去了往日
的威仪，改换门庭，成为戒烟所和监狱。1999年冬开通文峰中路
时，老县署消失。

七、千年书声伴学宫

中国古代的文化教育，"殷曰序，周曰庠"，"庠序之道"即指古代的学校教育。自隋代开始推行的科举考试制度，成为历代封建统治者选拔人才、任用官吏的主要途径。汉代罢黜百家，独尊儒术。尊孔学儒，登科入仕为文人学子孜孜以求，各地府县普遍设立儒学、书院、社学、义学、私塾等。明朝建立，太祖朱元璋下诏州县兴学。明清两代，各地普遍设立"文庙、学宫""府学、县学"，成为州、府、县城中重要的文化教习场所。

安阳城在北宋时期为相州治所，开始兴建儒学文庙，距今已有上千年历史。"儒学在府治西北一里。宋至和年间（1054—1056年），忠献韩公判相州时建。元至元六年（1269年）修。洪武三年（1370年）再建，钦降制书雅学，营造祭器、厨库。明弘治九年（1496年），知府冯忠作明伦堂五楹，尊经阁五楹。"① 安阳城里的儒学文庙位于西大街西段路北，今西大街小学为其旧址。经过宋、元、明、清历代修葺，颇具规模。庙内大殿供奉大成至圣先师孔子，以敬孔尊贤，明伦育才为要旨，每年春秋祀日，依照严格的典章礼乐，在文庙举行隆重祭孔盛典。民国成立，废除旧制，1918年文庙改设为祭祀关公、岳飞的武庙，提倡尚武精神，后改设为师范学校。至20世纪60年代，文庙毁废。因临近儒学文庙，还衍生了几条老城街巷的名称，老城九府之一的学儒府，位于儒学文庙东北隅学后街与大寺前街之间。儒学文庙东侧的街道称学巷街；北侧的街道，也因其方位被称为学后街。

学宫又称县学、县儒学，始建于明洪武初彰德府城改筑之时。

---

① ［明］崔铣：《彰德府志》（嘉靖），卷三，《建置志》。

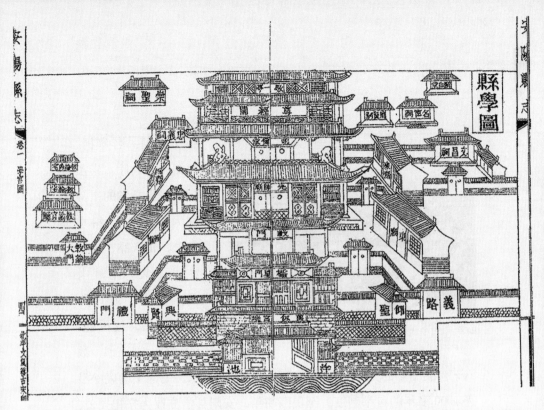

清《安阳县志》（嘉庆）载县学图

"（县）儒学在县西十步，洪武三年（1370年）蔡诚建。正德十五
年（1520年），知府陈策于明伦堂后作尊经阁五间。"[1] 安阳县学位
于城内县西街，经过明清两代地方官府的修葺，县学渐具规模。
据清嘉庆二十四年（1819年）编纂的《安阳县志》记述，安阳县
学宫在县署西，就是后来的县西街西段一带，临近县城隍庙。这
里选拔品学兼优的童生，参加每年一考的岁试，考中者即为秀才，
又称生员、诸生、庠生，修业于县学宫，免其丁粮，厚以廪膳，
培养贤才参加每三年举行一次的乡试，考取举人供朝廷选拔。县
学宫同样供奉着孔子和文昌帝君这两位读书人敬奉的神灵，建筑
群落宏大，坐北向南，共有四进院落。中轴线上依次为泮池、大
门、棂星门、戟门、先师庙、明伦堂、尊经阁和敬一堂；轴线东侧

---

① ［明］崔铣:《彰德府志》（嘉靖），卷三，《建置志》。

20世纪50年代彰德府儒学文庙旧影像

有文昌祠、名宦祠，西侧有教谕厅、崇圣祠。清代县学的主持称为"教谕"，科举出身，正八品，传授经史子集、伦理大义。另有"训导"，为从八品，教授礼、乐、射、御、书、数六艺。县儒学的办学经费主要来源于学田。清末，朝廷下谕废除沿袭1000多年的科举制度。至民国初年，安阳县学亦改为祭祀关公、岳武。

儒学文庙旧址今西大街小学（2015年摄）

八、前世今生萧曹庙

昔日安阳老城里散布着众多的庙宇。原县东街 4 号萧曹庙，始建于清代，是供奉汉代良相萧何、曹参的庙宇。萧曹庙位于今天文峰南街 236 号，2005 年修复，庙宇坐北朝南，东西长 34 米，南北宽 31 米，占地面积千余平方米。

1932 年 2 月，这里成为安阳县古物保存委员会，首任主任委员裴希度是《续安阳县志》主要纂修者。安阳殷墟发掘出土大量文物，盗卖文物活动盛行，官府为防止珍贵文物流散，遂成立古物保存委员会，从事文物收集、珍藏和展览。抗战胜利后，殷墟出土的青铜器之冠后母戊大鼎，在被运往当时的国民政府所在地南京之前，曾在这里短暂保存。当大鼎被运到安阳县古物保存委员会所在的县东街 4 号萧曹庙时，百姓争相观看，当年的《民声报》曾以"每日观看者动以千计，盛况空前"报道了当时情景，县政府还加派治安队维持现场秩序。

世纪之交，穿越安阳老城的文峰中路修建之前，这里是一处民居院落。原萧曹庙殿堂的墙壁上，镶嵌着清代道光七年（1827 年）《创建萧曹二公庙记碑》。这座庙宇的建筑风格特色鲜明，古朴典雅。院内正殿面阔三间，硬山灰筒瓦顶。殿前抱厦三间，为卷棚顶。两侧各有三间耳房，中间由小天井隔开。东配殿也为硬山灰筒瓦顶，四周朱色围墙。

那么，萧曹庙因何缘起，安阳老城的萧曹庙又建于何年何月呢？

我们知道，萧何是辅佐刘邦起义、勋劳卓著的一位大功臣。楚汉战争中，刘邦的起义军攻入咸阳后，萧何收集了秦王朝大量的律令图籍，掌握了全国各地的山川险要、郡县户口和当时的社会情

萧曹庙

况。他还举荐韩信为大将军，自己以丞相身份留守关中，为前线输送兵卒粮草，使刘邦得到充足的军事补充，为刘邦战胜项羽、建立汉王朝立下汗马功劳。萧何任丞相后为汉政权制定了律令，处理政务一概依律令而行，他在生活上提倡俭朴，严禁军士滋事扰民。这些措施使得饱受战乱之苦、极其贫弱的人民有了休养生息的机会，巩固了新建立的政权。

曹参是与刘邦一道在沛县起兵反秦的开国功臣。公元前201年，刘邦定"元功十八人位次"，萧何居首，曹参位居第二，足见其在功臣中的地位。曹参做了相国后，处理政务一律遵从当年萧何制定的律令，主张清净无为不扰民，使西汉政治稳定，经济发展，为后来的"文景之治"打下了基础。到了后世，"萧规曹随"成为一个著名的成语典故。由于萧、曹二相对定国安邦的重要贡献，后世明、清两代的统治者多以他们为榜样，向官员们灌输萧曹忠君报国的思想。明太祖朱元璋是中国封建王朝历史上唯一一位农民皇帝，他出身贫寒，年幼时曾讨过饭，还做过和尚，深知民众疾苦，非常重视国家治理。他当政之后下令各地州县建立萧曹庙，让县令及官员效仿萧曹的治国方略，全国各地的府县陆续出现了许多萧曹庙。

以前的萧曹庙又叫衙神庙，衙神庙里供奉汉代名相萧何为衙神。因萧何在响应刘邦造反之前曾在江苏沛县担任过衙门的胥吏，后因功勋卓著被刘邦封为宰相，所以衙神庙里供奉萧何。安阳老城的萧曹庙建于清代初年。编修于清康熙年间（1662—1722 年）的《大清会典》规定，各地县衙要建立"衙神庙""萧曹祠"，内塑萧何、曹参二公像，以勉励县级官吏以前代典范为榜样，忠君爱民，勤勉从政。各地的萧曹庙均位于县衙之东首，因而萧曹庙位居老城县西街与县东街交会处的老县衙东侧，也就顺理成章了。今天萧曹庙的位置没有变化，系古建原址修复，但是街名过去叫县东街，现在已改为文峰南街。

九、白塔俊雪乾明寺

安阳古城内西南隅，一条幽静的白塔寺街有着千年历史。街道名称源于一座比明代彰德府城还要年长的乾明寺。寺院中的乾明寺塔，民间俗称"小白塔"，街因塔名，塔因街传，名冠古代安阳十六小景之"白塔俊雪"。

乾明寺白塔，是安阳古城的一道亮丽风景。

春日的朝晖，为白塔涂上一层金黄的色彩。尤其在树叶凋零的冬季，每当看见白塔在雾蒙蒙的冬日里闪亮，顿时会让古城的生活

西冠带巷乾明寺小白塔

增添些许色调和温暖。隋唐乃至宋元时期，安阳佛教兴盛，相州城内外寺院僧尼众多。城内南门西街与西冠带巷两条老街之间的乾明寺，始建于五代后周显德年间（954—960年）。元代至正六年（1346年）重修。清代，一些道人曾将寺院改为道观，更名为"万寿宫"。现今一座单檐硬山顶的清代大殿尚存，其余殿宇房屋已改建为校舍。

与北京妙应寺白塔、五台山塔院寺元代遗存的白塔形制相同，安阳乾明寺小白塔外形宛若宝瓶，通身以白色玉石料砌筑，高12米，分为塔基、塔身、塔尖三部分。塔基呈八角形，每面宽约2米。每个转角下有力士像，袒胸露臂，双目圆睁，屈膝下蹲，用力向上托撑。两层塔基有二龙戏珠、南海观音、祥云飞龙、侍女飞仙等16幅浮雕图像。该塔腹径最大处位于塔身上部，因而有了上大下小的形制，塔身以长方形的条石交错叠压砌成。塔身中间朝南，有一座精致的佛龛，龛内端坐一尊佛像，高约1米。佛像头戴折扇帽，面容慈祥，盘膝而坐于莲花宝座上，神态悠然自得，形象栩栩如生。历经悠远岁月的磨洗，塔刹顶部的宝盖等佛教饰物已无从寻觅，虽已风化剥蚀，仍能依稀看出那威严壮美的身姿。

每当瑞雪飘落，静谧的街道行人稀少，白色古塔与皑皑白雪交相辉映，宛若仙境，成为安阳古城一道著名景观，文人墨客谓之

"白塔俊雪"。乾明寺塔于1963年列入河南省第一批重点文物保护单位。在乾明寺遗址东墙外，遗存一通《乾明寺记》残碑，碑首刻有"乾明寺记"四个篆书大字，碑文由元代安阳名人许有壬于至正六年（1346年）撰写。碑文已残缺不全，依稀可辨识出"资善大夫""至正甲申三月""尽以奉佛焉""显纪于石，相城故多寺"等语句。

20世纪30年代初，著名建筑史学家梁思成先生曾实地考察安阳小白塔。他根据该塔的结构形式和浮雕艺术风格判定："塔全部石造。此式塔型至元代始见于中国。准确年代虽无考，但其形制与元代多数塔略异，殆为元代最古之瓶式塔也。"[1]这就是说，安阳小白塔始建于元初，比著名的北京北海白塔的修建年代还要早。

白塔无言，在四季轮回中矗立千年。它那斑驳的外表，一如光影变幻的年轮消长，静静守望生活在这片土地上的芸芸众生。

十、活佛宝塔长兴寺

安阳老城内有著名的三塔：天宁寺文峰塔、乾明寺白塔、长兴禅寺塔。天宁寺塔居中，乾明寺塔在南，长兴禅寺塔居北。三座佛塔有着千年历史，拱卫古城，护佑民众，也见证着古城的沧桑变迁。

长兴禅寺塔民间俗称"活佛宝塔"。它虽不如天宁寺塔和乾明寺塔声名显赫，偏居古城西北隅，栖身于今北门西小学校院内，昔日却是一座规模宏大寺院的标志建筑。长兴禅寺殿宇恢宏，禅房花径，香火旺盛。后来寺院遭到毁坏，只剩下这座宝塔，默默讲述着

---

① 梁思成：《中国建筑史》，百花文艺出版社1998年版，第261页。

北门西街活佛宝塔

过往的岁月。1985 年 3 月，该塔被列为安阳市文物保护单位。

宝塔通高 8 米，底座呈平面八角形，由塔基、塔身、塔刹三部分组成，塔基与乾明寺小白塔的形制基本相同，为白石须弥宝座。枋额和束腰雕塑有卷草花卉和飞龙祥云图纹。花卉线条细腻多变，卷纹清晰舒展，富有动感。由于岁久风化剥蚀，古塔石刻有的已经模糊脱落，显得古朴苍劲。古塔上枋八面雕有八条飞龙，腾云驾雾、栩栩如生。塔身八面有浮雕佛像，做奋力托举之势。基座周长约 12 米，塔身上部至塔顶由青砖砌筑，斗拱出檐，从砖的规格和保存现状来看，疑是后人补修此塔时所垒砌。宝塔正中有龛，内有佛像，佛首已毁，佛龛横额自左至右阳刻"古佛宝塔"4 个大字，字体粗犷，颇见功力，其上为攒尖八角顶，均有挑檐。这座宝塔的修建年代，据寺中铁钟铸字记载为元代建筑，年代久远，造型独特，护佑千年安阳古城。

第四章
胡同巷陌

　　安阳老城之美，美就美在那些胡同巷陌上。老城格局肌理素有"五门四关九府十八巷七十二胡同十八罗汉街"之称谓。胡同的独特文化和风情，承载着久远的乡愁和记忆，成为安阳老城的标签和象征。

一、官衙民居重秩序

　　千年安阳古城，是彰显传统礼制的北方城池之典范。自明洪武初年改筑，如今护城河以内的安阳城郭，距今已有600多年历史。安阳老城面积约2.4平方公里（3600亩），沿袭了明清彰德府城的格局和风貌。方正城池四门之外筑有瓮城，南门瓮城之外还有宋代相州城的遗存南小城。城墙、城门、护城河、角楼构成巍峨的城池景观；城内衙署文庙、城隍寺塔、府库营盘、宅邸民居沿街道错落分布，构成秩序井然、美轮美奂的天际轮廓。

　　东西南北四条大街将城内划分为四个区域，以北大街、东大街及城墙围合起来的区块最为繁盛。这里是主要的官署区和仓廒区，从明代彰德府城图上看，这里也是重要礼制建筑集中的区域。城内东南隅，由于历代官署的着力营建，形成了庙宇、书院和高级宅邸区。如果将重要建筑与地形相叠加，可以看出，这些重要公共建筑基本坐落在城内高地或主要街道的附近。

（一）城墙以内筑马道

城墙、马道、护城河，是古代城池防御的重要屏障。明清彰德府城内紧贴四面城墙筑有马道，环绕城墙内侧一周，它的功能在于战略防御。马道中每隔一段，便筑有骑马上城的坡道，城门两侧的坡道尤为宽敞。后来因承平日久，马道逐渐为民居所占用。明万历九年（1581 年），府署重新勘定，将马道辟为北面宽四丈五尺，

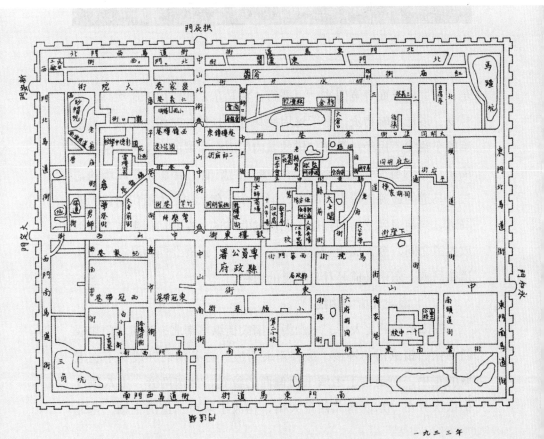

1933 年安阳县城市图

通向城门楼的马道

东、西、南三面各宽四丈，可并行 4 辆马车，战时用于通兵马、传号令、运送战略物资。有了这周回马道，打仗的时候，输送兵马粮草的车辆便不用经过纵横交错的城内街道。守城的兵士可从临近城墙、马道的驻军营盘直接登上城墙戍卫城池。后来随着城墙的消失，马道的遗迹变得支离破碎，但至今犹存，比如大西门附近的西马道，向南通到三角湖外墙。北城的北马道，在北门西街与现在解放大道之间，今天成为一条很窄的小巷子。还有北门西马道、北头道街马道、东南马道等昔日马道的遗存。

（二）南北大街中轴线

安阳老城的北大街、中山街、南大街纵贯南北，连通北门拱辰门与南门镇远门，钟楼、鼓楼南北对应。这条南北轴线并不在老城的正中，而是位于老城平面偏西的位置，街道两旁，十八罗汉街依次分布。东西南北四条大街，构成了城市街道的主轴。南北

南北轴线中山街旧影像

大街历来是文商兴旺的繁华街市。民国年间,城门启闭虽有一定的时间,但在这些街道和钟鼓楼的前后,有着灯火通明、熙熙攘攘的夜市。

(三)十八罗汉立街旁

安阳老城的街巷,除了著名的"九府十八巷七十二胡同",还有"十八罗汉街"在民间广为流传。所谓十八罗汉街,是以南北大街为中轴线,它的东、西两侧各有九个街口,其中的大部分街口东西一一对应,也有的街口稍为错开一些。昔日为防止匪盗出没,县署还在大街两旁的主要街口设置栅栏门用于宵禁。安阳文化学者齐瑞申先生所著《老安阳寻踪》记述,清末至民国年间,这十八条街街口的墙壁上,各镶嵌有一个神龛,里边供奉着一尊二尺多高的汉白玉罗汉,因而被称作"十八罗汉街"。相传,这十八尊玉罗汉或蹲或立,目光炯炯,手握法器,姿态各异,护卫着南北大街两旁的那十八个街口,据说能镇恶驱邪,护佑百姓平安。"十八罗汉街"九个相互对应的街口自北向南如下图所示。

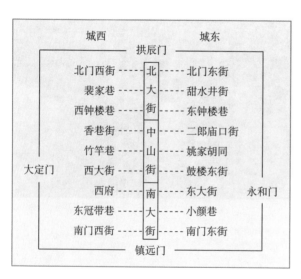

十八罗汉街简图

　　"十八罗汉街"的说法，在往昔安阳老城的坊间闾里广为流传，它们呈现了中国古代城市中轴对称的"鱼骨"状街道格局风貌。可那白玉罗汉究竟长什么样儿，由于年代太过久远，没有留下影像资料，但它们却为昔日安阳老城纵横交错的九府巷陌，平添了些许神秘与美丽。

（四）东西大街不相照

　　安阳老城内中山西街正对着鼓楼东街，而中山东街则偏南一些，与南大街形成丁字街口，因临近彰德府署，这里俗称"府口儿"。东西大街缘何不相照，民间说法有二：其一是由于古代府城的等级秩序和筑城规制使然。其二是为了躲避黄河水患。彰德府东南方向有黄河故道，古称"河水"，水患频发。倘若在筑城时使东西大街直对，则有引肆虐的黄河重新搬回老家之虞。当然这只是民间的传说。实际上，明清彰德府城沿袭宋制，西大街、鼓楼东街以

东大街（2009 年摄）

西大街（2011年摄）

东正对着贡院、文昌宫，还有州署即后来的赵王府，这些重要建筑在北宋时期有的就已存在，所以东大街只能就势南移。再者，街口错开也有防止兵患匪盗的功用。

（五）城隍衙署对街道

安阳老城内重要礼制建筑、公共建筑如城隍、衙署的门前，往往有一条直对的街道，成为城市的标志性节点。这构成了古代城市富有礼制意蕴的"T"字形街道格局。安阳城的府署、县署、府城隍庙门前，都规划有"T"字形格局，这里有开敞宏伟的气势，凸显重要建筑。此外，从街道形状上看，安阳城里"片""丁"字形街巷较多，而棋盘式的方格状街巷较少，这是从城池防御的视角布局的。

府城隍庙门前的神路街（2009 年摄）

（六）丁字街口有神庙

安阳老城里的街、巷、府、胡同、夹道，幽深曲折，易守难攻，如果街巷全为横平竖直的棋盘式格局，则容易被攻取。古代筑城多以战略防御的角度来考量，城内因此便出现了许多蜿蜒曲折的丁字街口。丁字街口直冲着街道，古代很讲究风水设计，认为这里气场过冲，不宜建筑民居，只有建庙宇才能镇得住风水，从而趋利避害。于是，在丁字街口正对街道的一侧，便建起了许多庙宇，用来供奉关帝、观音、道教等诸路神仙，护佑生民平安。比如戏楼后街西营街口、二道街红庙街口、菜市街平安街口、竹竿巷唐子巷口、老爷庙前街观口街口等处，都建有大小不同的庙宇。民居宅院内，迎面设置的影壁类似于这种建筑形制，也是从礼制和风水角度考量的。

（七）王府门前多马号

安阳老城里门前，有一条古老的马号街，位于县前街与三道街之间。这里是昔日府城与周边诸县的两级官府所在地，冠盖云集，车水马龙。明代洪熙元年（1425 年），赵王朱高燧将彰德府署改建为赵王府，今高阁寺为其遗存。马号街的由来，与府署、县署和赵王府有着密切关联，这一带是集中养马和看管马匹的地方。作为亲王千岁的明代赵王在彰德府传位 9 世，权势显赫，马号街上设有赵王府专用的马厩，前来拜见、议事的府县官吏将马匹寄存于此，于是昔日马号街附近的不少百姓人家，便以饲养看管马匹为业，街道旁边还建有一座"马神庙"。马号街与县东街之间的老府街，今名马号后街一带，也有不少人为官府饲养马匹，充当马夫。马号街的街面上，至今还存留着拴马桩的遗迹。

二、细数九府十八巷

斗转星移，沧海桑田。如今，许多古老的街巷已成为安阳老城的记忆和传说，存留下来的街道巷陌，隐没在文峰南、北街车水马龙的喧嚣背后。每当行走于蜿蜒曲折的街巷，环顾古朴的百年老屋，触摸镌刻着城市生长年轮的青砖黛瓦，我们依然能感受到老街深处那份穿越历史时空的平和与宁静。

今天的老安阳人提起城里的"九府十八巷七十二胡同"，依然如数家珍，津津乐道。老城里究竟有多少条街巷呢？其实，街巷的数目和名称是伴随着时光的推移而变换的。宋元至明代的城内街道划分为若干"里坊"，老城街巷至清末已有 60 多条，民国《续安阳县志》记载的有 59 条，"九府十八巷七十二胡同"的街道格局已初步形成。至于这个说法起源于何时，当始于民国年间，百姓口口相传至今。

我们把民国时期的20世纪30年代作为时间节点，来探寻百年前安阳城古老的街衢巷陌，安阳建城的历史从盘庚迁殷算起，至今已有3300多年。从晚商时期的都城，到战国魏安阳邑，从秦晋安阳县城到唐宋相州城，安阳城几经变迁，历尽沧桑。明洪武初年，对宋代相州城进行了较大规模的改筑，成为现今约2.4平方公里的安阳老城。新中国成立后拆除了四面城墙，环绕老城四周的护城河，依然为我们清晰诠释着安阳老城的轮廓和范围。

明清彰德府城筑有四座城门，民国时期（1932年）又开辟了第五座城门新安门。老城里的街道巷陌，也如同今天的道路街巷一样，是分等级的。与现代城市的道路系统相比，绕城快速路、主干道、次干道、街坊支路、胡同里巷，在往昔的安阳老城里则呈现为

老城鹅脖巷（1999年摄）

裴家巷（1999年摄）

仓巷街（1998年摄）

街、巷、胡同、府、夹道，因为古代的交通方式与今天相比有着天壤之别。古代也有类似今天的城际干道，叫作驰道、官道。殷墟考古发掘出土的道路、车辙遗迹尚清晰可辨。秦代筑成了联系国都与封国、城邑之间的驰道，夯土路面，宽度能并行四辆马车，其主要功能用于战争时运送兵马粮草。无论怎样分级，街道代表了城市久远的历史和格局肌理。我们通常说，道路是城市的骨架或血脉，承载着人流、物流、信息流。安阳城区有些街道有着上千年的历史，有些则要年轻许多。从街道的布局沿革、名称的演进历程，能体察城市变迁的轨迹和丰厚历史人文信息。

街道巷陌和名称在不断更迭演变，城内的北大街清代叫兴隆街，到民国成立之前，鼓楼以北到北门之间叫鼓楼后街、北大街，1925年为纪念孙中山先生，鼓楼至钟楼间的街道叫"中山街""中山中街"。虽然许多古老街巷已随城市改造而消失，但我们仍可透过现存史料和沿用的街巷地名，品读那些悠远的街衢往事。1933年编纂的《续安阳县志》，载有一幅当时的《县城市图》，将主要街巷标画其中。据这幅80年前的地图及有关文献资料，按照不同的类级和名称，细数安阳老城的大街与小巷。

（一）南北贯通东西不相照的五条大街

中山北街　中山中街　中山南街　中山西街　中山东街

（二）老城九府

平　府　又名"平府胡同"，是位于二道街中段路东的一条巷道，连通二道街与头道街。平府内南侧有两个坑塘名叫平府坑。现存。

六　府　东大街中段路南，与铁拐府平行，南端二府会合通向东南营街。现存。

铁拐府　东大街中段路南，与六府平行，南端二府会合通向东南营
　　　　街。现存。

林　府　南门东街北侧，向北不通，昔日巷内有林府粮店。现存。

西　府　南大街北段路西，巷口狭窄，里面稍为开阔，向西不通。
　　　　现存。

洛阳府　南门西街中段路北，向北不通。现存。

学儒府　学儒府也称"儒学府"，原位于天宁寺西南学巷街中段，
　　　　因临近府城的文庙、学官而得名。1999年消失。

老　府　西华门街东十字街口及南至东大街的地段。又称为"老府
　　　　口儿"。老府，指旧彰德府署，明代改建为赵王府。今高
　　　　阁寺以东的南北巷道，马号后街一带，俗名"三拐弯后老
　　　　府"。现存。

娘娘府　甜水井街东段北侧6号院近旁向北的小巷。2003年消失。

（三）老城十八巷

城西11巷

唐 子 巷　位于北大街、中山街西侧，南起西大街，北至北门西街。

裴 家 巷　位于北大街西侧，东起北大街，西接大院街。

仁 义 巷　位于北大街中段路西，东起北大街，西至唐子巷。

西钟楼巷　位于钟楼西侧，东起北大街、中山街交会处，西至唐
　　　　　子巷。

鹅 脖 巷　位于文峰塔东侧与唐子巷之间，因街巷形状弯曲而得
　　　　　名。1999年消失。

香　　巷　位于中山街西侧，东起中山街，西至唐子巷。今文峰步
　　　　　行街所处位置。

竹 竿 巷　东起中山街，西至唐子巷。巷中南侧有鼓楼影院北门。
　　　　　现存。

丁 家 巷　位于老城西南，西起西南营街，向南折向南门西街。现存。

纪 家 巷　位于西大街南侧，西起西南营街，东至鱼市街。现存。

东冠带巷　西起鱼市街，东至南大街。现存。

西冠带巷　位于纪家巷南侧，西起西南营街，东至鱼市街。现存。

城东 7 巷

东钟楼巷　位于钟楼东侧，西起北大街、中山街交会处，东至铁狮口街。现存。

小 颜 巷　西起东大街，东至御路街。巷中有影壁后街北通东大街。现存。

乔 家 巷　位于东南营街韩王庙西侧，南起东南营街，北至东大街。现存。

卜 府 巷　旧县志中名为"北府巷、八府巷"。原位于中山北街（今北大街）以东。南起甜水井街，北至北门东街。现存。

三 义 巷　位于二道街北段西侧，向西不通。现存。

豆 腐 巷　红庙街东段南侧的巷道，向南不通。现存。

夹　　巷　北门东街西段向北的巷道，与东西方向的北门东马道连通。昔日还有东夹巷、西夹巷之说，辉府胡同以西的一段叫西夹巷，以东的一段叫东夹巷。

（四）名实相符的九条胡同

大 胡 同　西起二道街，东至东环城路（今东风路）。俗名"东豁口"，现存。

九府胡同　三道街与二道街之间的曲折街巷。2003 年消失。

梯家胡同　东起二道街，西至三道街。因形状曲折似阶梯而得名，部分消失。

毛家胡同　位于北门东街西段，辉府胡同以东。南起北门东街，原通向东夹巷和北门东马道，后向北不通。2008年消失。

南家胡同　位于北大街西侧，东起北大街，向西不通。1988年消失。

姚家胡同　西起中山街，东至平安街中山市场（新华市场）门口。现存。

狮子胡同　位于东大街西段路南，向南不通。现存。

辉府胡同　南起北门东街，北至解放大道。今中原宾馆门前街道，昔日是一条弯曲狭窄的巷道，名辉府胡同。1933年编纂的《续安阳县志》《县城市图》中，这条胡同标注为"灰鼠胡同"，因地名不雅，后更名为辉府胡同。

县　胡　同　原位于县东街与仓巷街之间，因临近安阳县署而得名。"之"字形街道格局，中间地势较为低洼，北段通仓巷街处有一坡道，街面上铺着磨盘，所以县胡同的北段又叫作"磨盘街"。1999年老城改造时消失。

（五）纵横交错的城内四十九条街道

现存的街道：

北门西街　北门东街　南门西街　南门东街　大院街　库口街

短街　红庙街　铁狮口街　大夫铃街　皮园街　戏楼后街

北城墙街　箭道街　影壁后街　仓巷街　后仓街　西华门街

神路街　马号街　马号后街　渠口街　鼓楼东街　鼓楼坡街

下洼街　北头道街　南头道街　白塔寺街　鱼市街　御路街

全部或部分消失的街道：

学巷街　学后街　大寺前街　二郎庙口街（菜市街）　甜水井街

平安街（大同街）　大井街　县东街　县西街　县前街　二道街

三道街　大仓口　小仓口　观口街　老爷庙前街　磨盘街　中正街

中山市场街

（六）城墙内侧的八条马道

北门西马道　北门东马道（北城墙街）　南门西马道　南门东马道
西门北马道　西门南马道（西马道）　东门北马道（北头道街马道）
东门南马道（东南马道）

（七）城内九条夹道

马家夹道　二道街中段路东的一条夹道，向东不通。老城区另一条
　　　　　巷道也称为"马家夹道"，位于鼓楼东街北侧，通向中
　　　　　山市场。

井　夹　道　连通二道街与北头道街之间的夹道，中间通平府坑。
　　　　　现存。

县　夹　道　县西街东段路南的巷道，位于老县署的斜对面。1999 年
　　　　　消失。

区西夹道　县西街与仓巷街之间的夹道，位于原老县署与文峰区政
　　　　　府院西侧，因名区西夹道。1999 年消失。

西营夹道　位于西营街、皮园街、老爷庙街（学巷街）之间，中间
　　　　　通向纱帽坑。现存。

雷家夹道　位于唐子巷以西，大院街路北。南起大院街，向北不通。

高阁寺夹道　位于高阁寺东侧，南起马号街，北至县东街。北段于
　　　　　1999 年消失。

戏楼夹道　位于大院街中段，南起大院街，北至北门西街的小巷
　　　　　道。因位于红光影剧院的西侧，后更名为"红光西巷"。

申家夹道　位于大院街北段，南起大院街，向北不通。南端为原
　　　　　"安阳曲艺厅"旧址。现存。

（八）古代驻军四处营盘

西营街　西南营街　东南营街　新营街

（九）三处花园和果园

二 果 园　南起北门东街，北至今解放大道。

东小花园　唐子巷中段香巷街以北向东的小巷道，向东不通。1999
　　　　　年消失。

西小花园　唐子巷中段鹅脖巷以北向西的小巷道，西望文峰塔。
　　　　　1999 年消失。

（十）其他七条街巷

小 回 隆　消失的地名。原位于中山北街（今北大街）以西，仁义巷
　　　　　中段路南。名"小回隆街"，是一条小街巷，向南不通。

小 桥 上　消失的地名。位于唐子巷南段路西，鹅脖巷与竹竿巷之
　　　　　间向西的小夹道，旧称"小桥上"。

小 胡 同　消失的地名。位于大胡同北侧，东西走向，头道街与二
　　　　　道街之间。

后 渠 街　位于渠口街中段路北的一条巷道，过去中间较开阔，通
　　　　　过居民院落可通达三道街。现存。

后 卫 街　南起东南营街，向北再折向东通南头道街。中间开阔，
　　　　　昔为守城驻军"彰德卫"营盘之所在，西邻昼锦堂。现存。

王家旮旯　消失的地名。位于中正街（今县西街）南侧，通向平市
　　　　　商场的小巷道。

东 夹 巷　西起辉府胡同，向东不通。现存。

　　安阳城里的大街、街道、府、巷、胡同、马道、夹道、营、花
园等 10 类街巷，地名词条共 121 条。其中有少数街道地名指称的
地理实体存在重叠现象，它们有的是两个名称指同一条街道，如中
正街与县西街，大同街与平安街；有的是两个街名分别指一条街巷
的不同路段，如老爷庙前街与学巷街，观口街与西钟楼巷等。老城

"九府十八巷七十二胡同",加起来总共有99条街巷、胡同,是民国时期民间口头的泛称。99是吉利的大数,百姓便用了9的倍数来形容老城街巷之多,并非确切统计。街巷胡同的名称在不断更迭变化之中,据《安阳市城市建设志》记载:20世纪50年代末,安阳老城区共有大街小巷、胡同、夹道等116条,其中残余石板路4条,炉渣水泥路10条,土路102条。[①]这与本文记述基本吻合。

街巷、胡同不仅代表安阳古城的格局肌理,也是安阳历史人文乐章中永久的音符和精神。

三、九府巷陌彰特色

老城街道的地名通名中,通常有街、巷、胡同、夹道。在河南彰德府,有一种独特的地名"府"。一般说到府,中国古代有府城、府衙、王府,还有达官显贵的宅邸也称为府,但把街巷称为府,兴许是安阳独有的。"府"的建筑规制与胡同差不多,虽然比不上街道,九府十八巷却排在了老城诸多街巷的首位。在明清时期的安阳旧方志中,只有十八巷的记载,并未提及九府和七十二胡同,可见"府"是后来开通的。1933年《续安阳县志》中,已经有了"府"的记述,它一般是连接大街的小街巷或夹道。分布于安阳老城里的九府,有平府、六府、铁拐府、林府、西府、洛阳府、学儒府、老府、娘娘府。"府"的形成与冠名,当在清末至民国初期,它们是缘何命名呢?

平府,又名"平府胡同",是位于老城区二道街路东的一条巷道,它与梯家胡同斜对过儿。平府内原来有一座菩萨奶奶庙,香火

---

① 安阳市城乡建设环境保护局,1985年编印本,第551页。

缕缕不绝，庙宇近旁生长着一株枝叶茂盛的参天古槐。奶奶庙终年护佑着百姓平安，这条巷道因而称作"平府"，寓意平安吉祥。另一说法为，平府由"平"姓人家最早居住而得名。平府之内的地势较周边稍为低洼，南侧有两个坑塘为东、西平府坑。

老城平府（1998 年摄）

六府，位于东大街中段路南，南端与铁拐府会合通向东南营街。"禄"为姓氏，六府当由"禄府"演变而来。另一说法是，古代曾经有 6 位官吏的府第位于这条小巷之中，因而得名。

铁拐府，也位于东大街中段的路南，与六府平行，南端二府会合通向东南营街。铁拐府得名于旧时这里曾有几家铁匠铺，而巷子的形状又如同一根拐棍儿，南段弯曲，北段笔直，于是便被称作铁拐府。

林府，位于南门东街北侧，向北不通，昔日巷内有林府粮店。这一府得名于昔日有一家林姓大户居住于此，是以姓氏命名的一府。

西府，在南大街北段路西，巷口狭窄，里面稍为开阔，向西不通。因其位于城内南北中轴线的西侧，因名西府，是依方位命名的一府。

洛阳府，其传说安阳人早已耳熟能详。位于南门西街中段路北的洛阳府，向北不通，是一条寻常的小巷。相传古代有一位洛阳学子进京赶考，途经彰德府时偏偏生了一场大病，所带盘缠也已告馨，处于危难之中。居住在这里的一户好心人将这位洛阳学子引到家中，悉心照料，汤药调养。后来隔了两年，这位洛阳学子金榜题名，封为朝廷命官，他特意返回彰德府城酬谢恩人，为这户积善人家建造了宅邸，于是这条小巷便被称作洛阳府，是老城里极少用外埠地名命名的街巷，一条洛阳府延续至今，彰显了安阳人知侠仗义、扶危济困的美德。

学儒府，也称"儒学府"，原位于天宁寺西南学巷街的中段，因临近西大街的文庙学宫而得名。学儒府蕴含儒学兴盛、人才辈出之意。

老府，位于西华门街与县前街、马号街交会十字街口及南至东大街的地段，被称为"老府口儿"，得名于临近县前街北端的老县衙。今高阁寺夹道以东县东街至马号街之间的南北巷道，旧称"老府街"，又称为"三拐弯儿""后老府"。所谓新府老府，缘于明代赵王来到彰德府，将彰德府署改建为赵王府，府署迁往东大街，于是便有了新老府署之分，东大街与南大街交会处称"府口儿"。

娘娘府，位于甜水井街东段路北的小巷，向北不通。这条小巷里昔日有一座娘娘庙，送子赐福，保佑人丁兴旺，庙宇香火绵延，因名娘娘府。

安阳老城的九府十八巷中，有着"东府

老府口（1998年摄）

西巷"的说法，缘于以南、北大街为界，东边有七府七巷，西边有二府十一巷，东边府多，西边巷多。经历数百年风霜雪雨的老城九府，一条条寻常巷陌，凝聚着这座城市久远的人文记忆。九府中有七府尚存，它们是安阳独具特色的名城文化资源。

四、街巷地名有缘由

明太祖洪武初年改筑的彰德府城，就是今天护城河以内的安阳老城。城内地势呈龟背形，城外有护城河，城墙内有马道，城池的街道格局具有中国典型的明清古城风貌。以南北大街为轴线，东府西巷，街道胡同纵横交错，层次分明，布局谨严。城中的钟楼、鼓楼、高阁寺、文峰塔、府城隍庙、小白塔等文物古迹，以朴素的青灰色调民居四合院做陪衬，形成具有浓郁地域特色的古建筑群体。庙、塔、楼、阁与成片的传统民居高低错落，构成亲和宜人的视觉空间轮廓。"九府十八巷七十二胡同十八罗汉街"那林林总总的街巷名称，有的以方位或形状特征命名，有的以重要标志性建筑命名，有的以掌故传说命名，表达了人们对美好生活的期许，对高尚品行的赞许。探寻清末和民国时期安阳城的街巷地名，不难发现隐含其间的丰厚历史人文信息。

西谚说，罗马不是一天建成的。安阳老城也是这样，明清彰德府城的街道布局和名称相沿了宋元相州城、彰德路城的旧制和名称，从宋元时代的"里坊"，到清末至民国时期的"九府十八巷"及众多的胡同，它们的形成与定名非一朝一夕之事，街道地名在不断变化更迭当中。有与城池相生相伴年代久远的街道地名，也有世代生活在这里的百姓约定俗成的传统称谓和叫法。

第一是依方位来命名街道。明清彰德府城辟有东、南、西、北

鼓楼东街旧影像

四座城门，作为中轴线的南北大街，与东西大街将老城划分为四个大小不同的区域。于是，直通城门的四条大街为东大街、西大街、南大街、北大街。临近北门、南门的街道名为北门西街、北门东街，南门东街、南门西街。环绕城墙内侧的四面马道，古代用来通兵马、传号令，皆以所处方位命名。唐子巷内东、西两侧各有一处花园，民间相传为明代赵王所建的私家花园，名为东小花园、西小花园。因方位命名的街道还有北城墙街、北头道街、南头道街等。

因方位命名的鼓楼东街（1998 年摄）

第二是依街道的形状、长

短、所处地势特征而得名的街巷。老城里著名的短街位于甜水井街与北门东街之间，街长仅 90 米，因名短街。梯家胡同位于二道街与三道街之间，街道的布局曲里拐弯儿，形同阶梯，因而叫梯家胡同。马号后街内的巷道蜿蜒曲折，俗名"三拐弯儿"。下洼街则因其地势低洼而得名。依形状命名的街道还有鹅脖巷、库口街、大夫铃街、大胡同等。

第三是依序数命名街道。老城东门永和门内依次分布着头道街、二道街、三道街。

第四是依府署、县衙、府城隍庙、钟楼、鼓楼、文峰塔等重要地标建筑，再结合方位来命名街道。如老府口，县东街、县西街、县前街、县胡同、县夹道，东钟楼巷、西钟楼巷，鼓楼前街、鼓楼后街、鼓楼东街、鼓楼坡街，大寺前街等；神路街因其北口正对着府城隍庙，是昔日城隍爷出巡的必经之路而得名。

第五是依著名的建筑、设施、器物来命名街道。比如大井街、甜水井街、井夹道、影壁后街、老爷庙前街、二郎庙口街、戏楼后街、白塔寺街、大院街、磨盘街等。古代城内临近城墙、马道处驻扎有守卫城池的军队营盘。老城里的西营街、东南营街、西南营街、新营街，均为守城营盘的地名遗存。后仓街的府库粮仓附近，有仓门口、大仓口、小仓口。学儒府、学巷街、学后街是依据西大街文庙学宫的方位命名的街道。

第六是依市井作坊命名街道。如鱼市街、菜市街、豆

学后街（1998 年摄）

腐巷、竹竿巷、新华市场街等。往昔仁义巷的南侧有一条巷道名叫"小回隆"，因商贾云集、市井繁华得名。

第七以姓氏命名街道。这种命名方式较为多见，比如林府、裴家巷、丁家巷、乔家巷、毛家胡同、马家夹道、南家胡同、雷家夹道等。姚家胡同因创制姚家狗皮膏药的清代名医姚本仁而得名。

还有的街巷以尊崇古代贤良官吏而得名。冠带巷，因清代康熙年间兵部督捕右侍郎许三礼，还有姓任的举人等达官显贵曾在此居住而得名。仁义巷因明代嘉靖年间进士、吏部尚书郭朴"千里捎书为一墙，让他三尺又何妨"的谦让美德而得名。小颜巷因明代正德（1506—1521年）、嘉靖（1522—1566年）年间一代名儒、南京礼部右侍郎崔铣品德高尚、学识渊博，素有"小颜回"之美誉而得名。

再有一类街巷名称源于扶危济困、抑恶扬善、敬老孝亲的传说故事。如三义巷、唐子巷、铁狮口街、铁拐府、洛阳府、娘娘府等街巷。相传三义巷源于刘关张"桃园三结义"。因救助进京赶考而落难的洛阳学子，安阳老城里便有了一条名为洛阳府的小巷。

最后是以名人掌故或帝王、领袖的名字命名的街道。1900年八国联军攻占北京，慈禧、光绪仓皇逃往西安。次年，回銮的圣驾道经安阳城，途经的街道命名为御路街。清代南北大街叫作"兴隆街"，清末至民国初期，它的南段即西大街东口以南至南门叫南大街，鼓楼至二郎庙口街叫鼓楼后街，二郎庙街口至钟楼叫钟楼前街，钟楼至北门称作北大街。1925年，为纪念孙中山先生，安阳老城的南北大街更名为中山北街（北门至钟楼）、中山中街（钟楼至鼓楼）、中山南街（鼓楼至南门）。东西大街更名为中山西街、中山东街。直到今天，钟楼至鼓楼广场的一段街道仍名中山街。县西街、平安街当时叫作中正街。

纵观安阳老城的街巷地名，它们既有明确的指向、标识功能，又极富人文蕴涵，包罗万象，亲和宜人。街巷地名与地理实体构成的胡同文化，映照着与百姓生活的密切关联，无论消失或存在，它们记述着城市变迁的历程，承载着千年安阳古城厚重的历史文化底蕴。

五、西华门街故事多

安阳老城里神路街与县前街之间的西华门街，因明代赵王府的西门为西华门而得名。它东连"老府口儿"、马号街，紧邻赵王府高阁寺，西临鼓楼、府城隍庙商圈。街道虽然不长，却是安阳老城里的市井繁华之地，凝聚了悠远厚重的城市记忆。

（一）帝后驻跸西华门

因明代彰德赵王府的西门，衍生了这条东西走向的西华门街。街道北侧的文昌宫，建于清道光十七年（1837年），又名文昌庙、文昌阁，建筑群落规模宏大，正殿五间为单檐悬山顶，黄琉璃瓦覆顶，供奉着道教"文昌帝君"，庇佑文人学士学有所成，仕途亨通。文昌阁后院，毗邻鼓楼东街小学内的清代贡院。

1900年庚子事变，八国联军攻入北京，京城遭到疯狂劫掠。慈禧太后偕光绪帝仓皇出逃，经河北、山西，一路到达陕西西安。历经一年多漫长的议和，清政府与列强签订了丧权辱国的《辛丑条约》。这时的慈禧、光绪终于结束了他们的流亡生涯，清光绪二十七年（1901年），两宫圣驾从西安回銮北京。

当年亲随侍奉两宫往返的河北怀来知县吴永，后来记述道："辛丑十一月初十日，由宜沟驿启銮，申正抵彰德府驻跸。傍晚传旨：十一日驻一日，定于十二日并站前进，至丰乐镇午尖，磁

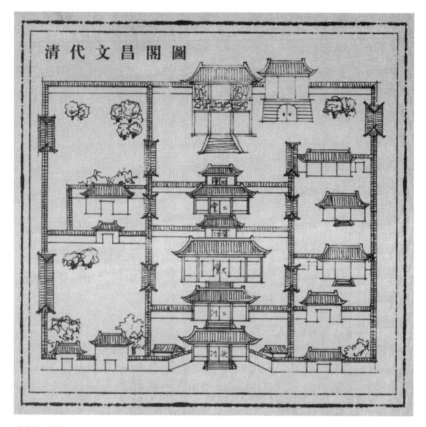

清代文昌阁图

州驻跸。"①

两宫回銮的圣驾，由彰德府城的南门镇远门浩浩荡荡入城，经南大街、南门东街，向北拐入御路街，来到西华门街。彰德府安阳县将文昌庙大殿作为帝后的临时行宫，众多随行护驾的文武官员则占据了文昌庙对面的宅院，太后和皇上在这里住了两个晚上。想当年，两宫圣驾途经的御路街等沿途街道也曾黄土垫道，净水泼街，百姓倾城而出，夹道迎候，争睹帝、后盛大仪仗。于是，西华门街

---

① 〔清〕吴永口述，刘治襄记：《庚子西狩丛谈》，中华书局 2009 年版，第 145 页。

的文昌庙便多了一个新的称谓"慈禧行宫","御路街"也得名于这次两宫圣驾的临幸。1933年,曾设立"河南省高等法院第二分院暨安阳地方庭"于文昌庙。

（二）悠远老街传文脉

西华门街蕴含许多老城故事。除了街北侧的文昌宫、老同乐戏院,街道南侧还有开设于民国初年的侯青山"双虎牌"虎骨酒中药铺,这是一幢典型的中西混合式建筑,建筑别具一格,是安阳老城弥足珍贵的历史建筑遗存。这幢楼房一层前檐设有天棚,供顾客遮风避雨;三层露台设计匠心独运,女儿墙兼作围栏,南边的阁楼位居整座房屋进深之半,露台满足储物、晾晒、活动多种功能,还有利于街道北侧建筑物的采光。这种现在小高层楼房设计经常采用的建筑样式,在百年前的安阳老城里已有值得称羡的范例。

西华门街东首路南,是一排与同乐戏院对面的二层转角楼市房,东西共19间半,建造于民国年间,同样引入了西式建筑风格,

慈禧、光绪下榻的西华门行宫

西华门街民国商业建筑（2021 年摄）

侯青山虎骨药店（2011 年摄）

板瓦覆顶，庄重典雅，见证着西华门街的繁华旧事。市房一层昔日有春明楼饭庄。20 世纪 60 年代初，公私合营后的西华门食堂就开设在这里。市房二层为旅馆客栈，在同乐大戏院繁盛时期，京戏四大名旦之尚小云、荀慧生，京剧名家李万春早年曾献艺同乐戏院，下榻于此，许多远道而来的戏迷也在此住宿。西华门街东面连通着高阁寺旁的平民市场和评书席棚，昔日这里茶馆、书场林立，民间艺人在这里说书卖艺，观者如云。街道西边便是府城隍庙和新华市场转花楼，紧邻安阳老城的核心商圈。一条西华门街，娓娓述说着安阳古城风花雪月的兴衰往事。

六、竹竿巷里寻旧影

竹竿巷巷子不长，是安阳城里的"九府十八巷"之一。它位于鼓楼广场北侧的中山街与唐子巷之间。关于巷名的由来，以前巷子里没有售卖竹器的店铺，以往老城里的竹器店开设在西钟楼巷。这里缘何称"竹竿巷"呢？是因街巷形制笔直顺畅的缘由吗？不得而知。巷子里朝北有两个街口儿，一大一小，大口儿叫大井街，原来通往香巷街，街中那口甜水老井供周围人家饮水，当年明代赵王府灌溉其东、西小花园，就是从这里汲水。小口儿是大夫铃街，曲里拐弯的，通向今天的文峰南街。竹竿巷的西段临近唐子巷，多民居院落。东段临近中山街，多为商业铺面。

巷子北侧那座"三间一过道"的两层楼房，为清代建筑风格，硬山坡顶，山墙和过道上面的窗户为圆形，南立面窗券为拱形，这里原来是城内五洲大药房经理、安阳工商界民主人士王幼石的住宅。王幼石在新中国成立初期曾担任安阳市工商联副主委，1956 年当选为安阳市副市长。临近中山街口，是开业于 60 年代的鼓楼后百货商店，其对面是"膳食堂"饭馆。20世纪30年代初，位于巷子东口街北的江南饭庄开业了，掌柜的是浙江人吴永富。这家饭庄售卖的发面小笼包闻名遐迩，香飘安阳古城，后来被称为"江南包子"，为古城人平添一份口福，江南饭庄成为江南包子馆的前身。

巷子南侧，西首为一家芦姓大药房的后院，该院落前后通街，药房的门店开在西大街，后院为进货、加工药材的场所。再往东

竹竿巷街景，颐园池澡堂（2009年摄）

是开业于1932年的颐园池澡堂，创办人为安阳人王珮，字润身。王珮早年在鼓楼东街开办"同庆玉"布庄，生意兴隆。因不堪兵匪勒索，转行而经营澡堂。颐园池在当时的规模和设施是城里独一无二的，二层楼房的建筑风格中西合璧，门口矗立着高大的灯箱，带有鲜明的时代特色。安阳浴池业最早的盆塘、雅间起源于这里，澡堂营业至1946年歇业。鼓楼影院名为"人民电影院"，始建于1951年，1952年建成投用，是新中国成立后安阳城里开业最早的一家电影院。影院门口霓虹闪烁，五光十

鼓楼电影院北门（2016年摄）

色。竹竿巷里最为高大的建筑是鼓楼影院北门，2005 年上演的安阳方言电影《孔雀》，曾在这里拍摄外景。这座老电影院于 2002 年停业，半个世纪的光影盛宴，凝聚了几代安阳人的集体记忆。

安阳城内鼓楼以北的商业街道，曾叫鼓楼后街，民国时期改名为中山中街。这一带是老城里的核心区域，商业繁盛，人烟稠密。中山街与竹竿巷、姚家胡同的交会处，西南把角现有一栋面阔五间的门面房，这栋房屋南山墙临近檐角处，镶嵌着一块方砖，上面的字迹尚依稀可辨：

重修鼓楼后街路西把口门面五间　十二年夏四月建修后院楼三间　育武堂魏姓督工　泥作徐某某　木作魏某某　大清光绪二十三年秋八月

竹竿巷口商业铺面山墙檐角处镶嵌的方砖（2011 年摄）

清光绪二十三年为公元 1897 年，这栋门面房矗立安阳老城已历经 120 多年风雨洗礼。修房盖屋是百年大计，在建造房屋的同时，将督工和泥木工匠的姓名公诸世人，用现在建筑领域通行的做法，叫作建设工程质量责任终身制，这在百多年前的安阳老城里已有范本实例。

老建筑是凝固的音乐，一条街巷跃动着穿越古今的音符。细细品味，能聆听到跌宕起伏的时光乐曲。竹竿巷太古老了，紧邻着鼓楼、城隍庙商圈，见证了老城商业文化的浮华和喧嚣，积淀着时间味道。2014 年 1 月，在即将进行的南大街片区改造中，竹竿巷里的许多老房子已人去楼空，安阳老城里的百年竹竿巷，也行将竹殒香消了。

七、姚家胡同探古韵

姚家胡同，是安阳老城里鼓楼后街（中山街）向东至新华市场门前的一条古老巷陌，长约 70 米，宽 5—6 米。因近临中山街、鼓楼、城隍庙商圈，胡同的两旁，清一色为清代至民国所建的两层楼房商铺，建筑古朴典雅，商业氛围浓郁，蕴含厚重城市人文记忆。

家住鼓楼坡街的姚吉仲老人回忆，昔日的姚家胡同商贾云集，店铺林立。胡同南侧，自西向东依次开设赵宗林百货商店、杨大庆刀剪店铺、姚记大烟馆、海镜照相馆、程记理发馆，还有一家苏记镜子铺；胡同北侧，东首为姚子明膏药、姚家胡同老油坊，西邻是一家颜料店。胡同中间的姚家膏药老店铺和作坊，共有两栋两层单体建筑。西边紧挨着中山街口儿，是一家专营礼服、鞋帽的店铺。这条胡同的得名，就源于明末清初开设的彰德府姚家膏药老铺。一服姚家膏药，让安阳老城的这条巷陌闻名遐迩，街道的历史距今已有360多年。

姚家膏药的创始人为清代名医姚本仁，字恒中，原籍江西省建昌府南城县。姚本仁自幼研习医术，先行医于原籍，开设中药铺。后来云游四方，悬壶济世。明末崇祯七年（1634年），姚本仁来到河南彰德府，授任彰德赵藩王府良医所医正，开始了他在安阳的行医生涯。清初顺治三年（1646年），一代名医姚本仁奉召入京，官赐太医院御前大夫，成为宫廷御医。越二年，姚本仁归老彰德，定居安阳城，他在城里鼓楼后街（中山街）东首大槐树院开设"宗黄堂姚家膏药铺"，门楣上悬"太医正传"御赐匾额。姚本仁经常向贫苦百姓施舍"万应膏"，这是太医姚本仁秘方创制的"姚记阿魏麝香狗皮膏药"，名冠黄河南北。每天前来寻医问诊的人络绎不绝，都以大槐树院"大槐树为记"膏药为正宗。

"宗黄堂姚家膏药铺"的前门儿，开在鼓楼后街今中山街81号，后院儿通向鼓楼坡街，院子里有一株浓荫蔽日的参天古槐，因而有了"大槐树为记"的商标名号。北边街巷的路北，便是姚家秘制膏药的作坊和门市，日久天长，这条巷陌便有了姚家胡同的称谓，一直流传沿用到今天。姚本仁活了88岁，卒后葬彰德府西之姬家屯。

最初的姚家膏药铺为独家经营，地址在今中山街和姚家胡同8号，堂号"宗黄堂"，以"金牛"为商标。姚家膏药由于世代传承，用药考究，疗效确切而声名远播。姚本仁去世后，姚家子孙以卖膏药为营生，派生出了好几家姚家膏药铺。虽以"狮子""花鹿"为商标，但堂号均为"宗黄堂"，其配方、工艺都是姚氏真传。

20世纪50年代，姚家膏药铺实行公私合营，由数家膏药铺组建国营安阳膏药厂，在后仓街和中山街生产经营，后更名为安阳商

宗黄堂大槐树膏药老铺

传统工艺制作姚家狗皮膏药

都制药厂。

姚家胡同路南的杨大庆刀剪铺，是民国《续安阳县志》记载的一宗彰德府名产，在百姓中颇有些口碑。如今老店铺犹存，传统工艺早已失传。胡同路南，开业于 1931 年的海镜照相馆声名显赫，是昔日安阳城里著名的七家照相馆之一。姚家胡同的老街、老树、老建筑、老字号，演绎着安阳这座城市的商业文化传奇，散发出浓浓的古风遗韵。

八、西营老街话民风

西营街是安阳老城里最靠西边的一条街道。因它所处方位，以及古代守城驻军在这里设置西营房而得名。街道南北走向，宽窄不一，长 1 公里有余，北起北门西街口五龙庙，南至西大街丁字街口；东邻巍巍文峰塔，西靠城墙马道护城河。街道四通八达，坑塘水系环绕，是一条蕴含了许多故事的老街。

（一）西营街的来历

古代为修筑城墙兴建营房，就近挖坑取土，在西营街的两边遗留下了纱帽坑、小嘴坑、东褡裢坑、西褡裢坑四个坑塘。坑塘与护城河连通，结合街道的自然地势，构成了较为完备的蓄水排涝系统。西营街地处有着龟背形地势的老城边缘，它的地势相对低洼一些，而当洪涝来袭，古代修筑的坑塘水系便会发挥其功用，将雨水排入护城河，民居院落安然无恙。西营街中段西侧的居民院落，大多前后通街，出后门地势明显高企，通往一个南北走向的高大黄土台阶，这是安阳古城墙的夯土基址。那些临近高台的房屋，都是盖在城墙内的马道之上的，无怪乎房子有些低矮简陋，没有青砖灰瓦五脊六兽的建筑规制。

西营街的故事（民俗风情画，齐瑞申供图）

从这个高台向西行，穿过一条曲折的夹道，便来到护城河上的一座小桥。小桥介于"小西门"桥与文峰路桥之间，何时架设已无从知晓，大约是拆了城墙以后，便于人们出入城内外而搭建的一座便桥。以前小桥的两边有铁护栏，钢板铺设的桥面，平坦光滑，车轮碾过时轰然作响。过桥的马路对面，便是从早到晚人来人往的安阳长途汽车站。人们肩扛手提，行色匆匆，周围会聚着百货商店、汽车站食堂、小商小贩等坐贾行商。

早年的护城河水质尚好，清晨，柳荫环抱的河岸边，杵衣声此起彼伏，河里面还能见到小鱼小虾。炎炎夏日，经常有孩子们在河里游泳嬉戏。

（二）西营活关爷庙

西营街中间的戏楼后街正对过儿，是西营街小学，这所学校是昔日西营街关帝庙的旧址。关公是忠义节烈的化身，亦被奉为武财神，为历代官民所景仰。安阳城里的关帝庙为数不少，不过以西营街的庙宇规模较大，里面供奉着关公、关平、周仓的塑像。中间最为高大威武的，自然是"夜读春秋文夫子，单刀赴会武圣人"的关公关云长。与众不同的是，这里每尊神像都装有奇巧的木制暗道机关，可以连动，所以被人们称为"活关爷庙"。一旦触动到机关，刀就会架到人的脖子上，神灵发威，怒目圆睁。据说后来有不知情的妇孺前往膜拜，竟然吓死了人，这才撤掉了机关，始变为静态的神像。昔日的西营街民风剽悍，社火云集，有菩萨社、二郎社、火神社、老爷社、五龙社等。以前安阳有名的"小刀会"就源自这里。

由于西营街街道较长，中间贯通着文峰路、学后街、戏楼后街、西营夹道和大院街，便被分成若干个段落，每个段落的字里行间就有了不同的记忆和故事。西大街、大院街是昔日老城里重要的

关帝庙的威仪（2018年摄）

两条商业街；小西门外的西关、车站一带南北商旅往来，人流货物集散，有着城市驿站的功能和特色。世代生活居住在这里的西营街人，便见多识广、正直豪爽、仗义执言，为人讲义气，好交朋友，长于经商。西营街居住的大多是平民百姓，从商多为开粉坊、盐店、卖水果、卖凉粉儿，尤以开杀锅煮肉卖肉的居多。

民间相传，西营街也是"藏龙卧虎"之地。在西营街褡裢坑的石桥上，原先砌有两尊威风凛凛的石刻大虎，把守着石桥。街道北端建有一座五龙庙，庙里供奉东海龙王。那街中的四个坑塘，便是龙王的四个巨形爪印，尤其最后一只爪印纱帽坑，蕴蓄了几多"福气、贵气"。早年有一位占卜高人经过这里，一眼瞥见那纱帽坑中至少有七担八斗芝麻官。于是，西营街有龙有虎，气脉祥瑞，定然官运亨通，会出许多达官显贵。可惜后来石虎被窃，龙王庙被拆毁，西营街便"福气跑，贵气散"了，不仅没有出状元宰相，反倒出了许多杀锅屠户。从前安阳城里杀猪宰牛、煮肉卖肉的大多是西营街人。有的屠户没有儿子，女儿便系上围裙上前帮忙，久而久之，少了端庄柔媚，多了粗犷泼辣。所以安阳民谚有云："西营街骨头墙，家家闺女赛阎王。"

第五章

建筑民居

昔日文峰塔檐下绿树环抱的四合院，一砖一瓦、一草一木凝聚着百姓的生活记忆。左邻右舍的生活滋味，喜怒哀乐，平和淡然又五味杂陈，融入老城人生命的成长历程。微风吹拂的街面儿上，传来那熟悉而悠长的声声叫卖：

"绿豆（嗷）——粉浆诶——"

一、民居院落岁月长

四合院中有镌刻在童年记忆中的生活片段，那里有蓝天白云青砖灰瓦，有胡同里熟悉的老街坊的身影。他们炒菜、做饭，走亲戚、看朋友，过着简朴却讲究的日子，享受着淡淡的人间烟火。

——崔岱远

安阳老城的民居，以传统四合院为主，这是中国北方的典型民居，是天人合一的居所。中轴对称的房屋布局和院落，适应北方冬季寒冷、春季多风沙的气候特点，形成四面围合、冬暖夏凉的生

老城姚家胡同商业民居建筑（2011年摄）　　老城民居木雕花窗槅扇（市古建所供图）

活居住空间，融汇历代工匠的营造智慧。四合院对外是封闭的，有较强的私密性，院外是代表城市肌理的街巷胡同，出门便可以买东西。四合院的内部是开敞的，向大自然开放，青砖灰瓦，绿树婆娑，亲和宜人，人与自然和谐相生。庭院建筑布局体现出以人为本、因地制宜、长幼有序、崇尚节俭的中国传统文化。

历经岁月磨洗，安阳老城里的东大街、西大街、南大街、仓巷街、唐子巷、三道街、鱼市街、小颜巷、西南营街、北门西街等街道，依然存留着清代至民国时期建造的四合院建筑群落。它们散珠碎玉般分布，成为古城民居建筑的见证和样本，今天更显得弥足珍贵。老城区文峰北街北侧的仓巷街，东西走向，清末至民国，仓巷街两侧多为官吏宅院，书香门第，高门大院，建筑规整，与多经商富户的甜水井街并称为安阳老城里的"龙凤街"，具有典型的明清建筑风貌。

民居院落的布局，以二进、三进院落居多，部分四进，遂成五门相照、七门相照、九门相照的院落格局。传统民居四合院的街门，若是东西街道坐北朝南的院落，均开在临街倒座房的东南巽位。门楼有广梁门、金柱门、如意门、随墙门等形制，门前门墩、抱鼓石形态各异。进门迎面为东厢房的硬山影壁或独立影壁。影壁墙磨砖出檐，筒瓦砌顶，墙心砌菱形方砖，图案有卷草、万福等，风格独特。传统民居四合院正房一般为明三暗五，最为高大，多带前廊，硬山板瓦坡顶，居住长辈。门窗隔扇制作精美，有龟背锦、方格变形、斜方棂等样式，图案精巧，雕工细腻。两厢房居住晚辈，体现长幼有序。临街房称为倒座房。大门墀头上雕动物花卉，或"吉祥""福禄"，图案精致典雅，线条舒朗流畅。仪门也称二门、垂花门，小巧玲珑，位于前院正中。正房的一侧有夹道通向后院。东、西厢房为灰瓦顶硬山式建筑，青砖灰缝。墀头和山花多刻花卉、鸟兽图案，寓含吉祥富贵之意。

安阳民居以青灰色格调为主，建筑风格为中国传统的抬梁式建筑构架，青砖砌墙，灰瓦覆顶，给人以稳重、宁静、舒适的感觉，凝聚着世代安阳人的生活记忆。走进四合院，让你不由自主回忆起往日四合院中那古朴典雅而又和谐亲切的氛围和情景。

仓巷街 7 号任绍科宅院二进院（2015 年摄）

二、遵循礼制四合院

安阳民居建筑，以北方传统四合院为主，这样的居住形式除了顺应自然，也是遵循礼制的产物。"四合"指东西南北四面围合为"口"字形。院落中的正房，民间称作"上房屋"，正房通常建在台基之上，高出院内平地。家长居于正房，长子居东厢房，次子居西厢房，仆人居外院，体现长幼有序，内外有别。

正房的两端，各突出一间，形似人的两只袖子，俗称"甩袖"。甩袖临院的一面一般留窗不留门，与厢房对应，左过道，右天井，形成明暗布局。房子的间数讲究阳数，通常为三间、五间，最多至七间。三间一座形成一明两暗；五间一座形成三明两暗。也有少数四间上屋的格局，但其仍有两个甩袖，组成两明两暗。富贵人家将同一轴线上的四座四合院前后连接贯通，形成"九门相照"的院落组合。安阳民居二进三进四合院居多。院内正房三间或五间，两边厢房各三间，临街屋习惯称为"倒座"，与门楼相连。

传统民居注重宅院布局和秩序。盖房先盖正房，后盖东西厢房，以房组院。上房最高，厢房其次，上房对面房比厢房更低一些，形成四面围合的院落。

大型四合院向纵深发展，四进院落如要再扩展，就要左右并排，横平竖直，形成并列的跨院。较为讲究的四合院，正房前廊后厦，耳房后墙外可通后院，后院北面为一排罩房或楼房，有的还建有后花园，甚至还有四面环廊相通的转花楼，如以前北门东街的徐家大院。

安阳气候四季分明，冬季常刮寒冷的西北风，春天多风沙。因此，四合院的后墙和临街的外墙，一般不对外开窗。墙壁和屋顶较厚，以防寒隔潮，构成冬暖夏凉、恬静舒适的居住环境。庭院内栽植的花木，有石榴、葡萄、海棠、洋槐、枣树、椿树等，所谓"天棚鱼缸石榴树"。宽敞的庭院是四合院布局的中心，是人们穿行、采光、通风、纳凉、休憩、晾晒、家务劳动的场所。室内由断间墙或槅扇划分空间，顶棚分纸顶棚和苇席棚，有的直接显露出的梁架、檩椽、巴砖屋顶。四合院正屋的摆设，一般有八仙桌、圈椅、条案（条几），条案上置座钟、镜架、掸瓶、字画、瓷器、盆景等文雅的摆设装饰。

四进四合院，即"九门相照"的院落，共有四座正房，一座倒座，一座垂花门，每院均配建左、右厢房。九门为倒座一门，垂花门，第一、第二、第三正房各有两个门，第四个正房一个门共九门。这是传统民居中高规格的住宅，显示荣耀与尊贵。其正房建筑一般为硬山筒瓦坡顶，面阔五间，进深二间；配房三间，灰砌砖

甜水井街 8 号刘家四进四合院

筑，板瓦覆顶。屋顶不带吻兽和脊饰，檐下有精致的木雕装饰。

三进四合院是明清时期标准的四合院结构，布局合理、紧凑，为"七门相照"建筑，共有三座正房，一座倒座，一座二门，每院落配以左右配房。七门为倒座一门，仪门，第一、第二正房共四门，第三正房一个门共七门。房主人为富裕之家或有一定社会地位。

仓巷街 16 号二进民国建筑院落

二进四合院，为"五门相照"建筑，共两个院落，两座正房，一座倒座，一座二门，每院配以左右配房。五门为倒座一门，二门，第一正房两门，第二正房门，这是中等富裕人家的居所。

西冠带巷 20 号马家单进四合院（2011 年摄）

单进四合院为最简单的四合院，一般就是以正房为主，配以左右配房，临街砌筑倒座房，形成四面合围的布局。单进四合院中也有规模较大的，房主人一般是富裕的商户或手工业者，规模较小的则为一般平民居所。

三、门楼门墩忆家园

民居的大门也叫"门楼"，它既是宅院的出入口，也是一道安全屏障。"门"的含义远比它的功能要复杂得多，各种门楼的单体建筑形制，按照房主人的身份分为不同的等级。有"门当户对""门第""门径"，还有"高门""寒门""柴门"之说。"宅以门户为冠带"，可见门在传统住宅中的重要作用。

除了祠堂庙宇、皇室宗亲、王公府邸的大门，按官府规定可开在中间，其余住宅一律开在左首方位。东西向街道，路北住宅开在东南方向；路南则开在西北方向。南北向街道，路东住宅开在西南方向；路西则开在东北方向。为何这样安排呢？一是院内房舍本已占据东南西北四个主方向，若大门再占据四个辅方向，寓意聚四方之气，迎八方之财，是为吉兆。二是古人讲究风水，建造住宅遵循阴阳五行八卦学说。北方民居建筑风水讲究"坎宅巽门"，"坎"位正北，五行中属水，正房建在水位上，可避火灾；"巽"位东南，在五行中属风，将院门开在东南方位，顺风顺水，取意出入吉祥平安。

屋宇形大门用于官宦住宅、祠庙，非一般民居，其门开在正中，高规制者为柱廊式，如西冠带巷许三礼宅邸、小颜巷崔铣祠堂、后仓街吕祖庙等。其面阔均为三间，中间一间安门扇，其余两间下砌槛墙，上安槛窗。大门前、后廊处各有两根明柱，门上有门

后仓街吕祖庙屋宇形大门（2013年摄）

钉、铺首（门钹），中间有门环。门檐下有斗拱、平板小额枋。大门前后都有月台，屋顶大脊置吻兽。

民居院落的大门，常见的有广梁门、金柱门、如意门、随墙门诸形制，广梁门也称"广亮门"。有官职的人家开广梁门，面阔一间，在房屋中柱上安装抱框和大门，门前、门后各有半间房屋的空间，房梁全部暴露在外，因而称"广梁门"。其屋顶高于与之相连的倒座房顶，筒瓦覆顶。与房檐紧挨的梁枋上装饰有木雕"雀替"。其下为走马板，是专供悬挂匾额的地方，比如"状元及第""进士第""文魁""康泰"等。

稍有名望的人家多开金柱门，面阔一间，在房屋金柱上安装抱框和大门，进深稍浅，门前留有少量空间。门框里边和上边装木板，门边框里面镶嵌花边，与正上方的走马板形成一组门口装饰。

东南营街 8 号院金柱门（2018 年摄）　　　鼓楼坡街 5 号朱家宅院民国门楼（2013 年摄）

没有功名的人家也悬挂匾额，如"陶朱遗风""品学兼优""望重儒林"。门扇下是一尺多高的木门槛，可拆卸。门框普遍用石门墩承托。

安阳老城常见的是如意门，这种门是在房屋前檐檐柱上安装抱框和大门，门前没有空间。门楣之上一般用望柱和栏板封起来。随墙门也叫"蛮子门"，宽度1—1.2米，门洞就像个夹道。门通常饰黑漆，上部安一对铁门环，门框下置有较小的石门墩。

清末至民国时期，西洋式建筑传入安阳，与中式传统建筑技法相融合，出现了中西合璧的门，在东冠带巷、竹竿巷、平安街还可以看到。具体做法是，大门开在吉位，两侧砌砖柱，门洞之上为平券或弧形砖券。砖券之上砌冰盘檐，将两侧的砖柱分割成两段或三段，砖柱之间通常做成匾额式或阶梯形式。

门墩，又称"门墩石"。传统民居门框轴下都有长方形青石门墩，里边一半放置门轴，伸在外边的一半为装饰。门墩石的作用，一是支撑门框使其不直接接触地面，二是托住门扇转轴易于大门启闭。

吕祖庙门前的抱鼓瑞兽门墩（2011年摄）

三道街19号王氏民居石雕门墩（2011年摄）

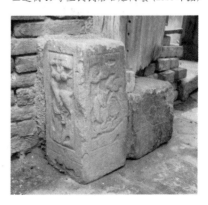

冠带巷民居石雕门墩（2018年摄）

门墩的大小、形式、图案雕饰反映了门第高低。圆墩喻贵，方墩显富。石门墩上的雕饰有镇宅辟邪、康宁平安的含义。圆形门墩也称"抱鼓石"，内、外侧都有浮雕图案；方形门墩正面、内侧有浮雕或图案，百姓人家多采用方形门墩。

老城内三道街19号方形门墩正面，雕有古松和鹿，取意寿比南山。后仓街吕祖庙门前的一对抱鼓石门墩，高90厘米，前立面下方为浅浮雕雄狮，形象粗犷威猛。外侧面上部浮雕奔马，下部雕金牛望月，内侧面雕仙鹤，在结满果实的树下姿态悠闲自在。下雕梅花鹿，做奔跑状。抱鼓石上蹲伏小兽，做仰望状，形象丰满。其柱础高40厘米，刻有莲花瓣，为安阳老城现存珍贵石雕艺术遗存。

四、仪门影壁见雅致

小颜巷37号王家宅院二门（2018年摄）

仪门，也称二门，高规制的仪门叫作"垂花门"，位于四合院轴线正中，前院与正院过渡的地方，成为通向宅院核心空间的第二道屏障，彰显传统民居的规格与礼制。

仪门与街门错开，有遮挡外人视线的作用，即使大门敞开，外人也看不到宅内，为四合院增添了一层隐秘，营造出庭院深深的感觉。之所以叫垂花

门，因其里外两侧各立有两根柱头下悬的木
柱，柱头上分层次饰以雕工精美、色彩斑斓
的串珠、石榴头、莲蕾，因名垂莲柱。垂花
门浓缩了建筑文化的所有元素，门外部分为
清水起脊的悬山顶，门内部分为卷棚顶，勾
连搭接。屋顶下的空间像个小房子，前后有
门，左右连通抄手游廊。过垂花门即进入面
积较大的正院，这是宅院内的核心空间。

鱼市街45号民居硬山影壁（2018年摄）

影壁，谐音"隐蔽"，是建筑与雕塑艺
术相结合的中式传统建筑品类，它在环境氛
围上烘托出庄重、神秘的美学效果。传统文
化认为影壁可以藏风聚气，有驱邪镇宅的功
能，从建筑学角度说，也是整个房屋建筑布局的有机组成部分。院
内影壁能阻挡外人视线和大门洞的过堂风。影壁上的砖雕图案精
美，或书写典雅的文字，反映着房主人的文化素养。

影壁分为院内和院外两种形式。院外影壁也称照壁，又分一字
形、八字形两种样式，是一堵独立的墙壁，与大门正对，也是大门
外作为陪衬和对称的建筑物，营造庄重、威严的气势。它与正院之
间隔着一条能通过马车的街道，如果街道过于狭窄，则把照壁设在
大门外街道正前方的墙壁上。老城内东大街彰德府署门前，昔日就
有一面独立的八字照壁墙，其南侧的街道名为"府照壁街"，后来
改为"影壁后街"。文峰塔天宁寺门前，那面饱经沧桑的独立照壁，
是古代寺院幸存的见证。城北袁林神道南端，横亘东西的巨大八字
形照壁墙长达66米，高7.4米，厚1米，绿瓦覆顶，北侧嵌砖雕
墓徽，是帝王陵寝的高规制附属建筑。

安阳民居几乎院院都有影壁，最常见的为跨山影壁，也叫"硬

山影壁",建在正对大门的厢房山墙上。影壁分基座、壁心和壁顶三部分,基座凹凸部分又称须弥座,须弥座上一般都有浮雕。现保存完好、规模较大的是清代兵部督捕右侍郎许三礼祠堂大门对面的影壁,砖砌基座,大方砖菱形壁心,灰筒瓦覆顶。普通民居门内的影壁多为一字形,底部砌须弥座,中间为墙身,顶部为檐角檐口,两旁用砖砌成枋柱,上方为枋。两柱与枋中间为影壁芯。影壁芯又分为"硬芯"与"软芯"。硬芯用方砖按菱形摆砌,中间及四周加以各种雕饰花样,如钩子莲、荷叶莲花、松竹梅等花式。"软芯"影壁,壁芯用砖砌好后再抹泥,其上雕刻松鹤延年、麻姑献寿、梅鹿望柏等图案。不少人家在影壁墙的基座旁摆放盆景花木,更显幽静典雅。影壁墙前种植的石榴树,淡雅墙芯映衬红花绿叶。影壁与大门互相陪衬,互为烘托,设计巧妙,做工精细,成为四合院入口处烘云托月、画龙点睛之作。

五、墀头木雕显匠心

吉祥如意喜鹊登枝砖雕墀头
(市古建所供图)

墀头,是民居门楼的重要构件。镶嵌于大门两旁的砖柱上,下部为墀头龛,通常有雕花砖柱,上部凹面向外突出,托举门楼瓦檐。底部有一块从山墙穿过来的青石或白石。雕刻工匠通常将正立面做成书卷式,上面雕刻花卉图案,线条疏朗,枝叶清晰。安阳民居的砖雕常用于门洞、墀头、山花、瓦檐上。砖雕使建筑物富有立体效果,具有典雅庄重的美感,雕刻

技法有浮雕、阴刻、圆雕、镂雕、平雕
等，秀美精致，淡雅清新。

墀头上的砖雕，雕刻文字的通常为
单字或两个字。一个字的，有日、月、
忠、孝、勤、俭等，两个字的多为吉庆、
诗书、礼乐、竹苞、松茂。雕刻图案的
有八卦图、阴阳鱼图、几何图案等。还
有的雕刻动物，麒麟送子、狮子滚绣球、
鹤鹿同春、五蝠（福）捧桃（寿）、蜂
（封）猴（侯）拜象（相），寓意福禄长
寿，荣华富贵。表达了房主人崇尚的道
德理念。老城仓巷街 3 号院的墀头，雕
刻花卉牡丹、松鼠葡萄，形象刻画了几
只小松鼠垂涎欲滴的神态，生动有趣。
松鼠代表财运，葡萄寓意多子多福。

鼓楼坡街 14 号鼓楼山门莲花砖雕墀头

传统民居中的木雕，广泛运用于房屋的梁枋、雀替、垂莲柱、
悬鱼、走马板和门窗上。梁枋上的木雕多为回龙纹或卷草纹图案。
雀替多为几何纹、花草纹装饰，动物有梅花鹿、鱼拱莲等图案，外
形或扁平或瘦长。柱间梁下的饰物以连续的枝叶纹样为主，其上配以
花卉、虫鸟，组成一幅连绵不断的画面，装饰效果华丽而凝重。民居
大门的柱枋两端下方，往往有雀替木雕，多

西南营 45 号梁枋木雕莲花墩（2016 年摄）

仓巷街 7 号院木制门窗槅扇（2016 年摄）

为网格状花卉装饰，精巧细腻。有的还有户对。大门上的走马板常见为三幅，其上雕刻"持忠恕""和为贵""凝瑞气""善为宝"，儒家传统观念深远影响着人们的思想。

门窗装饰尽管都采用木雕，雕刻技法却是多种多样。以木雕最多的槅扇绦环板或窗扇为例，就有深雕、透雕、浅浮雕和平面线雕等技法，而且常常在一块雕板上多种雕法并用，使装饰画面更丰富美观。大户人家常为八扇或四扇槅扇门，中间两扇核心部分常用"田"字组成连续网格，斜棂格网中间嵌六角龟背形，两边两扇为直向棂格网。绦环板和裙板上雕人物、花草、文字，其中裙板上雕不同字样的"寿"字居多。多数民居窗户为方形或长方形，窗户常设里外两层，里层为实木板窗，可以启闭。外层是一幅充满了透空雕花的装饰面层，仿佛是悬挂在木板窗外的花罩。一般在窗下部正中留一个小方格，安装透明玻璃，春节时，许多人家在窗上贴大红的窗花，渲染喜庆祥和的气氛。精致的雕花窗，透露出特有的乡土文化之美。

六、山花瓦檐呈大美

安阳传统民居，山墙屋脊的夹角瓦檐下面，通常装饰有菱形的砖雕山花。山花常采用浮雕形式，在一块约 8 厘米厚、30 厘米见方的青砖上雕刻出花草鸟兽图案，常见的有葵花、荷花、仙鹤、麒麟、海马、人物花卉、吉祥福寿等图案，雕工细腻，构图精美，是传统民居的重要装饰构件。

传统民居常见的屋顶为硬山坡屋顶，悬山、歇山样式多见于庙宇楼阁，另有卷棚顶、卷棚勾连搭接式屋顶。硬山坡顶屋脊两侧的坡顶为板瓦、筒瓦交错覆顶。正面与后面的瓦檐相一致，采用虎头瓦、滴水瓦、狗牙瓦叠合错落的营造形式，既实用又美观大气，是传统民居的点睛之笔。构成屋檐的筒瓦瓦当，砖雕图案变化丰富，虎头龙纹、鸟兽蝙蝠、吉祥文字、云纹花卉，形式多样，古朴典雅。滴水瓦同样采用各式图案。较高规格的民居，其山墙飞檐上的砖雕装饰与房屋前后瓦檐相同，常见的是平雕圆形，有八卦图、花草，有梅花鹿、龙首、虎头等图案，还有牧童骑牛吹笛的人物造型。山墙瓦檐的砖雕，上半部与檐砖构成整体，下半部凸出墙面，营造出凌空欲飞的视觉美感，庄重大气。山墙瓦檐随墙砌筑，图案雕刻线条细腻，主题鲜明，与房屋两面屋檐下的墀头相映衬，构成民居建筑的精华。

东大街 25 号常公馆砖雕山花

小颜巷 36 号清代建筑瓦檐（2013 年摄）

七、拴马桩与上马石

镶嵌于倒座房外墙的拴马桩

老城区凹式拴马桩遗存

纪家巷民居保存的一对上马石（2018年摄）

安阳老城有一条马号街，缘起于明代宣德年间（1426—1435年），赵王朱高燧分封彰德府。昔日王府门前冠盖云集，多马厩马号，于是便有了这条马号街。安阳自古为河朔重镇，通都大邑，驿站为官府所设，客栈是民间商旅居舍。无论王府、驿站、旅舍，在骑马、乘马车为主要交通工具的时代，其门前有着成排的拴马桩与上马石，供人们拴马或存放车辆。城市中的官宦、富贾府第，也有拴马桩与上马石，除了便利宾客的实用功能之外，还显示府第门庭的尊贵与威严。

拴马桩设在府第门前，宅院以外临街倒座房的后檐之下。镶嵌式拴马桩在营造房屋时预先设计，砌墙时把没留孔的一部分直接镶入墙内。从街上看倒座外墙的长方形的石料，凹进部分中间凿空，中有立柱将马的缰绳打结系在洞内，石料上方雕琢成狮子头或其他吉祥图案。另一类拴马桩石料不雕琢动物，墙里镶一部分，墙外呈半圆形，今老城内纪家巷东段路北还能看到实物。马号街中段路南的拴马桩形状像石锁，缰绳就系在石柱上。拴马桩不仅可以拴马，还能拴不卸车的骡车。

独立式拴马桩设在府第宅院门外，高约 1.5 米，由数根独立的石柱来拴马，石柱上部雕刻兽头图案。早年的官宦富贾骑马，内眷乘坐骡拉轿车，车辕中间搭着一条供上下车蹬踩的条凳，主仆进入内宅后，轿车一般不卸牲口，只是将骡子带车拴在拴马桩上。

上马石也是身份地位的标志。有拴马桩的宅门不一定有上马石，而有上马石的府第一般都有拴马桩。上马石摆在大门左右，形似一步阶梯，登石上马。其原料采用汉白玉或青石雕琢，正面、侧面雕有吉祥如意花纹，使府第宅门呈现一派威严气象。

八、诗书雅言谁家院

西南营街 45 号的王家宅院，是安阳老城内保存完好的一座民居院落。

该院落为清末砖木结构建筑，二进四合院，临街房面阔 5 间。大门开在左首第一间，两扇黑漆木门，5 排铁质泡钉，门楣上有三幅走马板，檐檩下镶两幅宝相花，门下有 0.45 米的高门槛，门枕石正面、侧面刻有浮雕。大门两侧的墀头，龛内前端砖雕四棱盘龙柱，北墀头龛内砖雕"雅言"，南墀头龛内砖雕"诗书"，龛上下图案形状对称。两侧回形纹，内衬马牙纹，上下牡丹花，中间三角形幅巾，回形纹饰边，内雕网格石榴，勾

西南营街 45 号王氏民居（2003 年摄）

"诗书"墀头　　　　　　　　　　"雅言"墀头

勒饱满密实的籽纹。石榴百籽抱团，寓意人丁兴旺，家族和美，整个砖雕疏密有致，章法严谨洒脱。

大门里正前是硬山影壁，简洁、美观，独具特色。其中许多构件采用彩陶烧造，造型做工精美。壁心由菱形大方砖镶嵌，壁芯两侧各雕有一朵荷花，两层磨砖探出墙外，构成两排假橼头，壁顶猫头滴水，上覆狮头图案瓦当，墀头龛内砖雕牡丹图案。山花边长 0.4 米，在弯曲的菱形方砖上浮雕花草，中间雕"吉祥"二字。一进院上房 5 间，硬山灰瓦顶，明三暗五布局，两端各一间突出，为安阳人说的"甩袖"。明柱后有 1.2 米前廊，槅扇门，裙板木雕火焰图案，三级麻石台阶，北墀头内砖雕"吉祥"，南墀头内砖雕"富贵"。南、北厢房各 3 间，硬山灰瓦顶，北厢房前墙砌一个凸出的神龛，用来供奉财神、家神。

王家宅院布局严整，木雕、砖雕精美，尤以临街的院门墀头最

过道和硬山影壁（2014 年摄）

具中国传统文化意蕴，寄托房主人诗书传家、平安吉祥的祈愿。该院落保存完整，艺术价值高超，影壁墙结构紧凑，比例匀称，砖雕细腻，是安阳老城传统民居的珍贵遗存，具有很高的文化品位和欣赏价值。

吉祥山花图案（2014 年摄）

九、仓巷街任家大院

安阳老城里的仓巷街和甜水井街，因街道两侧的民居建筑规整，高门大院云集而并称为"龙凤街"。仓巷街 3 号任家大院是一处保存完好的传统民居四合院落，位于仓巷街历史文化街区街道的北侧，建造于清末时期，原为一座四进四合院，目前保存三进院落，南北长 30.4 米，东西宽 22.4 米。房主人为安阳乡绅任湘庭。当年的任家在城内的繁华街道有生意，城南魏家营一带有农田，生活殷实富足，便购置修整了这座四合院，连同西邻的 4 号院和东偏院共有 26 间房屋。

该院落具有鲜明的清代民居建筑风格，坐北朝南，一进院门，迎面为东厢房的单檐硬山影壁，须弥宝座，菱形花砖对砌，中间为大"福"字。前院共有房屋 16 间，其中上房与倒座房各面阔 5 间，正房东西长 13.5 米，进深 6.7 米。东西厢房各 3 间，南北长 10.9 米，进深 4.3 米。东厢房还设有地下室，山墙之上有通风孔道。任家大院的正房与厢房均为硬山坡顶小青瓦，门窗为砖雕花式拱券窗，装饰有"竹节"图案。院落正中的悬山式垂花门木雕细腻，悬鱼、博缝板保存完好。进东偏院有一座造型别致的月亮门，通

任家大院大门（2018 年摄）

任家大院垂花门（2018年摄）

保护修缮中的仓巷街 3 号二进院（2018 年摄）

向后院。后院原为二层楼房，为房主人的粮仓，院中有一口甜水井供生活饮用，还有一口苦水井供洗衣淘菜。东偏院倒座房的外墙，开一拱形券门，专供骡马轿车出入停放。院落中的房屋瓦檐、山花、墀头等建筑局部细节，砖雕细腻，图案精美，是目前老城内保存完好的珍贵建筑文化遗存。

仓巷街 3 号院的建筑特色，还体现于精美的门楼、过道。两扇大门旁的砖柱之上，墀头由木雕和砖雕两部分组成，分别为镂空的"机灵鼠食葡萄，金凤凰穿牡丹"雕塑，造型别致优雅，落落大方，是安阳老城民居建筑的精华。

2018 年仲夏，仓巷街被公布为河南省首批 15 个历史文化街区之一，也是安阳老城的 3 个历史文化街区之一，古城保护整治复兴蓬勃兴起。3 号任家大院按照原古建形制，得到精心保护与修缮，辟为民俗文化展馆，重新焕发出古韵生香的熠熠风采。

十、粮行开设西大街

西大街 128 号粮行旧址位于老城内西大街与纪家巷之间，是目前保存基本完好的一座三进四合院落，庭院深深，布局谨严，建筑考究，气度不凡，蕴含厚重的历史人文记忆。这座深宅大院原为纪家巷王姓大户人家的居所，建筑格局原为四进四合院落，中间为一过厅，前后通街，目前保存三进院落，临西大街的两串院落为两层楼房商铺，建筑形制规整，具有显著明清商业民居建筑风格。房屋的瓦檐、山花、墀头等建筑局部细节，砖雕细腻，图案精美，是安阳老城珍贵的建筑文化遗存。

安阳地处太行山前由山地向平原过渡的漳河、洹河冲击扇平原，土地肥沃，日照充足，水源充沛，是豫北优质小麦主产地，所出产的小麦粒大、粉白、筋多、出粉率高。1906 年建成通车的京汉铁路，沟通了商品流通贸易，安阳水路交通便利，优质小麦资源充裕。依托资源和交通区位优势，京城商人韩辅臣、齐竺山、齐如山筹资 8 万银圆，在安阳火车站的北厂街兴办了大和恒面粉股份公

大和恒粮行旧址（2015 年摄）

大和恒粮行砖雕人物山花（2015 年摄）

司。创办于 1915 年的大和恒面粉厂，成为安阳近代民族工业的代表之一。

1917 年，大和恒面粉厂从法国购买了三台大型电动磨粉机，扩大了生产经营规模，这里成为安阳城区最早使用机器加工面粉的工厂，逐渐取代了城内府库县仓附近的传统磨坊。当年的面粉厂有技师和工人近百人，日产面粉 1000 袋，生产"狮子牌"小麦粉质优价廉，很受民众欢迎。其产量的四成沿京汉铁路输出，一俟运到京城，便销售一空。20 世纪 30 年代初，大和恒面粉厂进入产销两旺的鼎盛时期，为进一步扩大经营规模和渠道，购置了今西大街 128 号这幢颇具规模的四合院落，作为办公和经营面粉销售门店。沿鱼市街一直到纪家巷，街道西侧是大和恒在城里的生产加工作坊。

安阳老城的西大街自古以来就是一条繁华的商业街，承载着城市的商业文化传统，街道两旁有"广盛恒"药材行、"大来"木板木器店，西段临近大西门汇聚着老粉坊、油坊，街道中间花行、银号、药材行、粮行遍布。药材行的经营者，以定居安阳城的河北武安商人居多。

安阳解放后，西大街 128 号粮行的东院为鱼市街粮店，其中同样有一座清代二层楼房。它们共同见证着安阳古城商业的兴盛，成为安阳历史文化名城建筑文化的典范。

第六章

街衢繁盛

殷邺古都，商业肇始。彰德古相，街衢繁华。

1933 年春，《续安阳县志》修成，督察专员兼安阳县长方策在方志的序中写道："安阳，故彰德府之首邑也。面积九千余方里，人口六十余万众。漳水外环，洹河中贯，左行右卫，如屏若带。东北田畴坦荡，西南岗阜云连。路轨交通，矿产孕蓄，庐舍相望，鸡犬相闻，庶矣富哉。"

千百年来，从宋元相州街市的秦楼、翠楼、月白风清楼，历清末民国的平市商场转花楼、南北锦泰、聚宾楼，到新中国成立后的工人文化宫、卫东商店、百货大楼；文峰塔檐下一条南北大街、一座府城隍庙，还有钟楼、鼓楼、高阁寺所蕴蓄的城市文商脉络，一如洹水那波澜不惊的涟漪，生生不息，源远流长……

一、平市商场转花楼

平市商场转花楼，在安阳老城里名气最旺，在百姓中颇有口碑。为找寻有关"转花楼"的记忆，2013 年春三月，再次探访家住鼓楼坡街 7 号院的姚吉仲夫妇，老人为我们讲述了这座消失的百

平市商场旧影像

平市商场内的布匹绸缎庄

年商场的商业传奇。姚吉仲幼年时就在"转花楼"里做帮手，扛着大篮子为商家配货，往事历历在目。

1918年建成开业的平市商场，俗称"老商场"。商场平面呈长方形，二层连体楼房，四面围合。东、西两面各有15—16间营业房，南、北两面各有7—8间商业铺面，中间为开阔的天井，宽10—12米。一、二层均由回廊贯通，木质楼梯地板，西、南、北三面设有出入口。商场巨大的天棚由人字梁架支撑，上覆从德国进口的马口铁皮。整个商场形成一个半封闭的商业空间，人们习惯称之为"平市商场转花楼"。此后半个世纪的大部分时间里，这里人流涌动，生意兴隆，声名远播，俨然豫北冀南商业之翘楚。早年安阳民间流传着"进城不到平市商场转花楼，等于枉来彰德府走一遭"的俗语。

平市商场内外商铺云集，饭馆酒肆林立。姚吉仲老人回忆，当年他父亲姚义山开设的"义利百货商店"位于商场一楼西北隅。一楼南边的铺面是一家经营布匹绸缎的布庄；一楼东边有4家百货商店；西边是一家鞋铺，品类尺码齐全，在当时就兜揽量脚定做皮鞋的生意。

商场东楼的商铺大多经营日用百货，西楼铺面为"德意号化妆品店"，经营上海出产的时尚化妆品"双妹牌""先施牌"头油花露水，旁边是一家专卖梳子、篦子、胭脂、化妆品和女性服饰的"明秀女子商店"。商场南楼铺面为"白记钱号"，除经营一些日用百货外，主要业务是向商户们提供小额短期信贷，收取经营利息。平市商场北楼的"振华轩"照相馆开业于1918年，是近代安阳开设的首家照相馆。平市商场设有三个进出口，商场南通鼓楼东街，向西的进出口直通姚家胡同，向东的出入口连接后来的城隍庙中山市场，北通县西街，可谓四通八达，别有洞天。为防止匪盗，商场晚间封门闭户，颇为严紧。

商场四周汇聚着众多的商铺，北门外著名的中海楼饭庄，为两座瓦房院落，经营豫菜名馔、本地菜肴，终日食客如云。向北至县西街曲折的街巷两旁分布着大东理发店、三义楼饭庄、茶馆、戏院。大东理发是一家高级理发店，当时就能使用药水为贵妇名媛烫出新潮时尚的卷发。茶馆里，说书艺人表演着精彩的古典章回小说。席棚搭设的戏院里，京戏、豫剧、落儿腔高亢低回，每天吸引着众多戏迷。商场的西门外有陈记金章照相馆，南门出口处路东为王志刚镶牙馆，路西是文具纸张和百货零售店铺。由于毗邻府城隍庙，每逢初一、十五和城隍爷寿诞、出巡的日子，善男信女们在向城

昔日平市商场里的杂耍

隍爷敬香之后，都要顺便来逛转花楼。每年早春二月初二的鼓楼庙会，这里更是人潮涌动，摩肩接踵。彰德府所辖各县的农户，每年收获后的农闲时节，总要进城逛逛南、北大街和平市商场转花楼。秋冬农闲季节，时常能见到附近郊县定了亲的年轻人来到这里，由夫家引领着新媳妇置办罩子灯、洗脸盆、布料、绢花等结婚用品，小夫妻到"振华轩"照上一张结婚合影，再到饭馆里吃上一顿饭，这门亲事就算是板上钉钉了。

平市商场转花楼在 20 世纪 30 年代安阳沦陷之前，处于它的鼎盛时期，成为安阳城内鼓楼城隍庙商圈的一颗熠熠明珠，传袭代表着这座城市的商业繁盛和民俗文化传统。

二、中山市场城隍庙

民国初年，新思想、新文化在安阳广为传播。随着大和恒面粉厂、广益纱厂、中国打包公司等一批民族工商业的兴办，安阳城区以车站和鼓楼为中心的商业贸易渐趋繁荣，四关之外的集市也兴盛起来。1928 年冯玉祥主政河南后，发展地方工商业，兴办民众教育，推动"废庙兴学""废庙兴市"，安阳城乡的许多寺院、庙宇被改建为新式学堂和商场。由于城内鼓楼城隍庙一带历来是传统商业聚集的中心，这时的彰德府城隍庙改建为"中山市场"，较之 10 年前开张的平市商场转花楼，这里被称为"新市场"。取名"中山市场"，意在纪念孙中山先生。这一时期，安阳城内的大街分别更名为"中山东、西、南、北、中街"，天宁寺院改建为中山公园，老城中心鼓楼之上开设了"中山图书馆"。

府城隍庙历史悠久，规模宏大，始建于隋代，宋代增筑，明洪武二年（1369 年）重建，清乾隆年间（1736—1795 年）修葺。庙

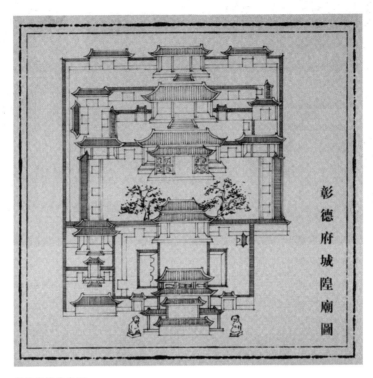

彰德府城隍庙图

宇占地 10.5 亩，高大的牌坊、大门之内共有五进大殿和东西两排厢房。彰德府城隍爷威灵公惩恶扬善，祈雨济世，护佑生民，是府城及所辖诸县的守护神。1928 年中山市场开业后，彰德府城隍爷便整天被熙攘喧闹的商民市声所围合，失去了往日的威仪。改建的中山市场，拆掉了庙宇内的部分建筑，保留第一进殿、城隍爷所在的第三进大殿和两侧厢房。市场向北辟门通中正街（县西街），西北辟门与平市商场转花楼连为一体，使鼓楼城隍庙一带的商业文化氛围更加浓郁，成为安阳城内商铺荟萃、商业繁华之地。

中山市场内经营布匹绸缎、京广百货、土产日杂、颜料五金、茶叶山货、笔墨纸砚、首饰化妆品的商铺鳞次栉比。其中较大的

彰德府城隍庙

商号有"黄子介复兴泰""永丰泰""兰聚昌""益生记""庆昌号""中原"等几家，城隍大殿的周围，会聚了不少流动商贩。市场内茶馆酒肆、理发照相、代写书信、镶牙问卦各种生意一应俱全。市场北部的茶馆里，常年有说书艺人表演评书曲目。每逢农历四月十六城隍爷诞辰或其他庙会节令，市场里便搭台唱戏，锣鼓喧嚣，观者如潮。1930年开业于市场东厢房的怡芳照相馆，是安阳较早的照相馆之一。

中山市场门前向西的鼓楼东街南侧，是1932年县政府建造的一排43间两层楼市房，对外招租经营，它与平市商场、中山市场毗邻。市场门前向南的街道叫"神路街"，地处昔日城隍爷出巡的必经之路而得名，新中国成立以后这条街道更名为新华街。既然称为"神路"，除了街道北端临近府城隍庙有几家店铺之外，没有民居院落朝向街道开门户。北端路东带有西式建筑风格的两层楼房为徐记京广杂货店，经营日杂百货。路西鼓楼东街把角处南面的两处门面，其中一家是有名的"王记北京绢花店"，经营着来自京城的绢花、绒花、化妆饰品。绢花坯子经浆子和颜料喷涂之后姹紫嫣红，绽放如初，是当年民间婚礼庆典的必备之物。

1937 年 11 月 4 日，侵华日军占领安阳。平市商场转花楼、中山市场的商户们纷纷歇业逃离，生意随之凋敝。1949 年安阳解放以后，平市商场和中山市场一并改名为"新华市场"，20 世纪 50 年代初一度恢复生机，购销两旺。1956 年实行公私合营，国家对私营商业主采取了"利用、限制、改造"的政策，大宗商品统购统销，逐步关闭自由市场，推行计划经济。百年"新华市场"渐渐失去其老城商业中心的地位，至 20 世纪 60 年代初落下了厚重的历史帷幕。1982 年，彰德府城隍庙原址修复，成为今天的安阳市民间艺术博物馆。2013 年 5 月，位于安阳老城鼓楼东街的彰德府城隍庙，跻身全国第七批重点文物保护单位。

府城隍庙的社戏（2010 年摄）

三、城隍巡游狂欢夜

彰德府城隍庙的威灵公，是府城乃至周边诸县的守护神。昔日每逢农历二月初六、四月十六城隍奶奶、城隍爷寿诞，还有七月十五、十月初一这几天，城隍爷都要出巡，这是安阳民俗活动的一件盛事。城里城外、十里八村的人们，纷纷涌到城里来看热闹，沿途人山人海，热闹非凡。

彰德府城隍爷威灵公塑像（2010年摄）

家住老城影壁后街的史光秀老人回忆，每当城隍爷出巡，府城隍率先起驾，县城隍紧随其后。出巡的路线由府城隍庙出发，途经神路街、东大街、府署老衙门口，向北折向南大街，穿过鼓楼券洞、北大街，出北门到达北关厉坛、大生堂。当天傍晚再沿原路返回。城隍爷出巡的队列浩浩荡荡，见首不见尾。往往队首已经过了鼓楼洞子，队尾尚未从庙中动身。

出巡的队列鸣锣开道，唢呐长号，彩旗飞扬。三眼枪震得地动山摇，百姓兴高采烈，夹道观瞻。城隍爷坐着八抬大轿，全副銮驾，威风凛凛招摇过市。后边是百姓喜闻乐见的民俗表演，踩高跷、跑旱船、大头和尚、五鬼闹判、相州行鼓、背阁抬阁、舞狮子，让观者齐声喝彩。古装戏剧人物边走边舞边唱，扮演傻小子和丑大娘的嬉戏，引得观众笑声不断。每个节目前面，都有一支锣鼓班子卖劲儿地吹奏，互相比赛着花样儿和音量。最后是长长的善男信女队列，手持城隍社的小黄旗和点燃的沉香次序行进，一眼望不到边际。

当年的城隍爷出巡，可谓一场全城的狂欢。旨在抑恶扬善，劝化世人。出巡队列中的善男信女，为父母和家人虔诚祈福，人们为城隍爷出巡打旗、打牌而感到荣耀和满足。府城隍庙门前的"神路街"，也因此而得名。这项盛大的民俗活动，一直持续到20世纪40年代中期方才偃旗息鼓。

四、南北大街老商号

古往今来，彰德府城是中原门户、豫北商埠。城内十字大街贯通老城中心，大小街巷纵横交错。南北大街是繁华的商业街道，镇远门、拱辰门与鼓楼、钟楼南北耸立，街道两旁店铺林立，人烟阜盛，建筑古朴典雅。

清代，南北大街叫"兴隆街"，寓繁荣兴隆之意。清末至民国初期，西大街口至南门叫鼓楼前街、南大街，鼓楼至二郎庙口街叫鼓楼后街，二郎庙口街至钟楼叫钟楼前街，钟楼至北门叫北大街。1925年为纪念革命先行者孙中山先生，安阳老城的南北大街更名为中山北街（北门至钟楼）、中山中街（钟楼至鼓楼）、中山南街（鼓楼至南门）；东、西大街也改名为中山东街、中山西街。直到今天，钟楼至鼓楼广场的一段街道仍名中山街。南北大街记述着城市的历史与荣光，1949年5月，庆祝安阳解放的部队入城式经过南北大街。那些传续着浓郁商业文化传统的众多老商号，已融入这座城市的集体记忆。

南北大街的安阳老字号，商家店铺的名号也是别出心裁。有的

繁华的北大街旧影像

图大吉大利，有的通俗好记，也有的古色古香，典雅庄重，以期招徕顾客，广进财源。安阳文化学者齐瑞申记述了晚清学人朱彭寿将店铺商号 56 个常用字编成的一首诗：

顺裕兴隆瑞永昌，元亨万利复丰祥。

泰和茂盛同乾德，谦吉仁爱协鼎光。

聚益中通全信义，久恒大美庆安康。

新春正合生成广，润发鸿源厚福长。

这首诗本身并无过多含义，每个字却包含了吉利的韵味。安阳老城商铺的字号，几乎也都涵盖了这些吉祥用字。齐瑞申还写道："安阳商铺字号，常带有显著的行业特征。比如饮食业的'聚宾楼'和'醉仙居'，后者会让人联想到李白的'我醉欲眠卿且去'和杜甫'李白斗酒诗百篇，长安市上酒家眠'的诗句，颇有太白遗风。"[1] 店铺的匾额字号，商家店主常常聘请文人雅士、社会名流来题写。黑底匾额上镏金大字古韵生香，代表着传统商业文化的内涵和菁华。金字招牌为店铺增色，以期声名远扬，买卖兴隆。

岁月更迭，风云变幻，南北大街老商号记述着不同时代的兴衰变迁。据家住鼓楼坡街的姚吉仲先生回忆，结合文献记载，20世纪三四十年代，城里的北大街、中山街，一直到鼓楼广场众商云集。自北向南的街道两旁，商家店铺比肩，招幌字号林立。酒楼饭馆有德丰楼、庆陞祥酒楼、聚宾楼饭庄、妙真饭庄、双盛同酒楼、江南包子馆、魏友饭馆；糕点、酱菜铺有玉楼春糕点铺、稻香村糕点店、北锦泰酱园、日升酱园、同立生酱园；绸缎鞋帽庄有瑞蚨绸缎庄、北京同陞和鞋帽店、同庆玉布庄、怡昌绸缎行、新顺花行；中西药房有中法西药房、德聚诚中药店、五洲大药房、和丰药房、同春药房、中英大药房、馨和庆西药店、宗黄堂大槐树姚家膏药老铺；百货杂货店有祥缘恒杂货店、义和永铁货铺、宏德厚杂货店、崔富竹器铺、协和庆百货、同义公百货、海洋百货、庆泰百货、公聚昌百货；澡堂浴池有玉香泉、德华池、颐园池、清华池；金银首饰店有福庆楼金店、玉华楼金店、荣庆银楼；还有明记瓷器庄、五洲电料行、柴记轿铺、申记钟表眼镜店、海镜照相馆等商铺字号。南北大街整日熙熙攘攘，车水马龙，人声鼎沸，成为当时名副其实

---

① 齐瑞申：《安阳老字号》，《安阳日报》2010年8月17日。

中山街妙真饭庄

的豫北商业第一街。

　　南、北大街以府城中心的鼓楼为分界。南大街过去叫鼓楼前街，长547米，两旁的店铺以糕点、酱菜、布匹、五金、杂货为主。其中以"锦泰恒点心店""晋丰茶庄""美华鑫百货店"最为出名；南段的潞安府花行、秦家商铺、杨记商铺、吉星园饭庄、薛富饭铺、洹南饭馆也是声名远播。锦泰恒糕点、蓼花、酱菜远近闻名。晋丰茶庄售卖茉莉花茶、香片、红茶。美华鑫百货主营上海"无敌牌"缝纫机和新式汽灯，还有金银首饰、铜勺、铃铛。铁器以魏家锄板四乡驰名，锡器、香炉、烛台、脚蹬壶一应俱全。桂香樱桃粉也是彰德府名产。南大街商业铺面以传统的砖木结构二层楼房居多，部分商铺带挑檐和前廊。一层门店，二层居住，后院加工仓储，临街一排木板铺面。南大街中段路西原内衣厂大门南侧，六间中西合璧式二层门面，新中国成立前曾为秦家轿铺，后来改设为一爿布匹杂货铺。拱形门券，两层冰盘檐，扶墙砖柱，桃形女儿墙，带有鲜明的西式建筑风格，是民国时期西风东渐的产物。

鼓楼广场西南角楼（1998年摄）

南北大街承载着安阳老城的商业文化和人文蕴涵。它不仅是安阳城的文商荟萃之地，也是府城周边诸县镇乃至豫北冀南的商业文化中心。一个老商号，便演绎出一段古城往事和商业传奇。它们就像散落于彰德府城的璀璨明珠，因招牌响亮、诚信经营而凝聚人气、家喻户晓。老安阳人买糕点、酱菜上南北锦泰、桐泰、公泰，买茶叶到晋丰茶庄、福昌同茶庄，包席到会贤居、妙真饭庄、聚宾楼，买绸缎布匹上瑞蚨、怡昌。老商号焕发的无穷魅力，融入了百姓的日常生活和城市记忆。

五、城里四乡多市集

在遥远的殷商时代，作为商品交换等价物的海贝、铜贝、和田玉已经出现，标志着安阳商业活动的肇始和兴盛。"商人""商业"发端于殷商故地，商王武丁时期，"邦畿千里，维民所止，肇域彼四海"①。

----

① ［清］阮元校刻：《十三经注疏》，《诗经·商颂·烈祖》，中华书局1980年版，第623页。

古代筑"城"以卫国，城是围合的，市是开放的，先有城，后有市。"市"即商业贸易的载体。古人"日中为市，致天下之民，聚天下之货，交易而退，各得其所"①。安阳凭借四省通衢，中原重镇，物产丰饶，水陆交通便利优势，成为豫北冀南商品集散流通、集市贸易繁荣的著名商埠。

（一）城里的街市

南北大街清代称为兴隆街，位于城内鼓楼、钟楼前后。这是一条有着千年历史的古老商业街，街道两旁经营钱庄银号、京沪百货、金银首饰、布匹绸缎、花行皮货、颜料煤油、中西药房、茶坊酒肆的商铺鳞次栉比，成为商业荟萃的市廛之区。周边的东、西大街，鼓楼东街、鼓楼坡街，平市商场转花楼，姚家胡同、竹竿巷、西华门街、高阁寺一带历来为彰德府城内的商业繁华之地。鼓

旧时彰德府城街市

楼东街"公聚昌"百货开业于1840年，鼓楼前街"美华鑫"开业于1904年。"南北锦泰，东西桐泰，拐弯公泰"在百姓中口口相传，清代已是府城内著名的糕点酱菜老字号了。安阳的街巷地名中，有不少街道以五行八作的市集冠名。年代久远的菜市街、鱼市街、花市街、豆腐巷，还有马市街、驴市街、靛市街、集市街，述说着这座城市的市井繁华和商业文化传统。

① 杨天才、张善文译注：《周易·系辞下》，中华书局2011年版，第607页。

清末民国时期的安阳市集及其分布，隐含着城市的商业功能定位和分区。清光绪三十二年（1906年），京汉铁路安阳段建成通车，缩短了货物流通渠道，京广百货、布匹绸缎源源输入，本地出产的粮食棉花、药材皮毛、烟叶煤炭源源输出，当年大和恒、普润面粉厂产量的四成沿京汉铁路外运。与火车站毗邻的义安里、戏院街一带成为货栈旅舍聚集区，西关、车站商圈逐渐形成。自民国初年到日军侵犯安阳前的1937年，城市商业经济呈现阶段性繁荣。粮食、棉花、土产、药材和食盐、煤油为洹河漕运的大宗货物。

自民国初年起，安阳引进优质棉种，成为豫北棉花主产地，棉花的种植、改良、销售、加工形成产业。创办于1928年的南关裕大花行，棉花加工设备和生产规模趋于领先。经营棉花购销的"花行"遍布城区，城内及周边的花行号称"七行八栈"。隆泰昌、永昌厚、义兴恒、源生、同泰源、慰丰和等花行自备压花打包机械，生意兴隆，源生、同泰源花行一度成为广益纱厂的主要供货商。当时安阳的棉花种植面

20世纪80年代的中山街（1987年摄）

鼓楼东街"县政府后市房"

积达 70 余万亩，年交易量达 40 万担之巨，主要销往天津、郑州、汉口，东趋青岛、济南，转销上海。存留至今的东关花市街、南关花市街、西关花市街，述说着当年的繁荣景象。

1932 年，民国安阳县政府顺应时势，将公署北院墙改建为朝向鼓楼东街的 43 间二层铺面房，对商户招租，俗称"县政府后市房"。南北大街的商业零售始与鼓楼东街、鼓楼坡街的批发业务相得益彰。西关马市街、集市街回族聚居区经营清真牛羊畜产，城内白塔寺街的粮食交易集市渐成规模。高阁寺前广场旧货市场的旁边搭设说书唱戏的席棚，终日熙熙攘攘；平市商场、中山市场商贩云集，茶楼酒肆生意红火；还有县西街运动场的杂货集市，成为城市居民和四乡民众购物娱乐的主要处所。菜行的交易场所多设在介于城乡之间的四关，城郊农户采摘了新鲜水灵的蔬菜，天将破晓时，便来到护城河旁的城门附近售卖，被称为"露水集"。

（二）四关的市集

市集或曰集市，是固定一定日期举行商品物资交易的场所，它们集中于城外四关的产品集散地。集市分集日和庙会两种形式。城关集四关轮替，百姓口诀云："申子辰，出南门；巳西丑，东门口；寅午戌，北关集；亥卯未，西关会。"周而复始，持续不断。1928 年受战乱时局影响，四关集停息，迁集市于城内白塔寺、高阁寺附近，后局势好转，南关集取代了

城南井楼桥畔火神庙（2008 年摄）

四关轮替，民间又有"南关集，常（事）市儿"的俗语。

其他集期逢初一、十五单日，也有双日、间日、多日的集市。集市上的商品以农畜产品为主，兼有日杂百货、木器家具等货色杂陈。"骡马大会"以牲畜、农具、百货交易为主，"木材大会"以梁、檩、椽、木制农具家具兼有其他物资，还有以中草药为主的"药材大会"。百姓会聚神庙烧香祈福兼事商品贸易者俗称为"香烟大会"。集市贸易与传统古庙会相生相伴，形影相随。民国年间废庙兴市，那些林林总总的庙宇多遭毁废，然而民间庙会依然有着顽强的生命力。

（三）老安阳"三镇十八集"

彰德府城周边的乡镇集市，素有"三镇十八集"之称。"金彭城，银水冶，抵不上楚旺一斜街"，是为三镇。"府对府，二百五；集对府，二十五"，是说府城周边的市集距离府城中心的鼓楼有远有近，约为20里或稍远一些。十八集市为：辛店、柳园、回隆集，田氏、吕村、永和集，后路、白璧、崔家桥集，瓦店、菜园、黎园集，大正、洪河屯、邵家屯集，郭村、曲沟、鹤壁集。传统的十八集彰显了豫北冀南商品流通贸易的兴盛，也涵盖了当时彰德府城所管辖的行政区域。集镇上的庙会，更多得不可胜数。

新中国成立后，城市工商业在20世纪50年代得到恢复，北关外新开设了农民市场。安阳老城所在的文峰区以街道办事处为依托，开办有66个手工业合作社，组织技术工人和闲散劳力从事缝纫棉织、丝织印染、铁器木业、竹器笼箩、制绳制鞋、文具陶瓷、化工产品、皮具雨具、度量衡、钟表眼镜、粮油加工等行业，繁荣了城市经济，形成了南关、东关集贸市场。开设于1982年的北马道、北门西街服装商业市场，得改革开放风气之先，一度引领城市服装消费时尚，被誉为"小香港"。1983年前后，始在鱼市街、平

市井繁华的南大街（2010年摄）

安街、园南路、文峰路、师东路、相州路、相一路、健康路等街道开办18个农贸市场，封闭多年的城市集市贸易得以恢复发展。

六、美好时光忆庙会

传统文化儒、释、道三教并存，关公、城隍、泰山奶奶、南顶老爷也是香火旺盛。安阳城区的庙宇寺观，旧时敬神、祭神、娱神，寄托着人们的精神需求。民间庙会、集日，兼有迎神赛会、杂耍娱乐，既敬神也娱人。城乡几乎是逢会必唱戏，成为民众愉悦精神的场所，同时满足人们选购生活、生产资料需求。庙会上人潮涌动，熙熙攘攘，热闹非凡。

自清代以降，庙会已成定例，安阳人称为"赶会"。庙会正会多为一天，会址分"主会"和"跨会"。跨会，城郊也叫"跨枝子会"，一村庙会，周边数村同时过会，规模庞大。庙会的前几天，民间社团便张罗筹集钱物，张贴善榜，聘请戏班唱戏。淮调、大平调、落儿腔、三弦、坠子、四股弦纷纷搭台演出，锣鼓喧嚣，粉墨登场。老戏迷们早早儿就带了板凳、马扎儿坐定，欣赏得如醉如痴，忘乎所以。戏曲一般连演三至五天，约定场次之外，戏班再奉送一场演出。

庙会的前一两天，主会、跨会的庄户农家，家家洒扫庭院、蒸馍赶状、割肉买菜、设酒杀鸡，豪爽好客的淳朴乡风传承延续。姻亲世谊、亲朋厚友前来赶会、看戏、同享飨宴已约定俗成，其乐融融。安阳城区周而复始的传统庙会有农历腊月十五的东关玉皇庙会、正月十六的安阳桥古庙会、二月二龙抬头鼓楼庙会、三月三北关大生堂庙会、三月十八大院街药神庙会、四月十五东关奶奶庙香烟大会、五月初五端阳节天宁寺庙会，还有农历六月初六南关火神庙会、六月十二西关白龙庙会等，是这方水土所蕴蓄的绚烂民俗风情。

（一）正月十六安阳桥庙会

"鲸背观澜"是古代安阳八大景之一，这里是城北的风水宝地。安阳桥的盛大古庙会，可追溯至400多年前的明代。明代中后期，商品经济的发展催生了洹河漕运。古老的鲸背桥始建于元代惠宗至元年间（1335—1340年），是贯通洹河南北的官道。明、清两代至民国时期，洹河航运兴盛，安阳桥畔成为繁华的水旱码头，河道下游经卫河直抵九河下梢天津卫。昔日洹河风帆飘摆，川流不息，河岸货物集散，货栈云集。

安阳桥古庙会历史悠久，与洹河航运相生相伴。最初由船户烧香、敬神，祈愿航行平安而兴起。古老的鲸背桥南端原有漫水石坡，桥南有一座龙王庙，百姓俗称"大王庙"，香火旺盛，是船户

们敬神祈福的场所，龙王庙门前有一座高大的石牌坊。桥东北有一座香火旺盛的关帝庙，关羽在民间被敬为武财神，护佑船户商家平安兴旺，日进斗金。大王庙、关帝庙与安阳桥村中的南顶老爷庙分列洹河两岸，呈掎角分布。

熙熙攘攘的安阳桥古庙会（2017年摄）

起初，庙会在桥南大王庙前至石牌坊西的大路上，范围并不大。清末至民国年间，庙会移到安阳河北桥东的关帝庙附近，船户、商家集资在关帝庙修建了一座当时安阳城最大的戏楼，每逢农历正月十六、五月二十三两个庙会，都要请戏班唱大戏，观众坐在河坡上就能看戏，场面十分壮观。周围的临府庄、太平庄、郡桥、三府庄等村庄也同过此会。

船户多了，护卫航运的镖局应运而生。安阳桥村有尚武的习俗，至今年迈的武林高手不乏其人。如今庙会上花花绿绿的木制红缨枪、大刀、长矛，便是当年习武风尚遗存的符号标签。庙会的缘起与兴盛，还与安阳民俗有关。"正月十六儿打花灯，安阳桥上遛百病。"元宵节一过，新的一年开始了。城里人家惯于外出踏青、游玩，正月十六这天，人们都要到洹北袁林一带采摘柏树枝，"柏"谐音"百"，烧了柏枝，寓意去掉了百病，一年四季平安吉祥。在交通不便的时代，城里人赶安阳桥庙会，有着"坐跑车"的民俗。一大早，城北门外骡马轿车云集，车把式手执红缨鞭梢，殷勤招徕乘客。春寒料峭，沿北下关到安阳桥的土路上，老老少少坐着跑车，一路飞奔，一路颠簸，满载着一车欢声笑语。

新中国成立后，安阳桥村在村中南顶老爷庙庙台上搭戏台唱大戏，观者如云。当年的庙东为牲畜、农产品交易市场，大街交易日杂用品，庙会规模也越来越大。武术表演队头前开道，各条街竞相推出民间演艺节目，安阳人称"出雇儿"。东街舞狮子，西街跑旱船，大街表演武术，太平庄出"五鬼闹判官"，西南街出"小炉匠扒缸"，东南街出"大头和尚度刘翠"。在安阳桥各街道、太平庄、临府庄巡回表演，观者如潮。庙会上商家云集，游人如织，一派祥和喜庆景象。

徜徉安阳桥庙会拥挤的人流，那旋转的风车、陀螺、琉璃咯嘣儿，五颜六色的琉璃弹儿、小画片儿，最能吸引孩子们的眼球。大块儿炸血糕、炒凉粉儿、棉花糖、梨膏糖、煎灌肠儿、烤红薯、烤羊肉串让人们大快朵颐。饸饹床子轧得吱呀作响，尝一碗正宗地道的吕村魏家榆皮饸饹面，散发着久违的乡土气息。庙会上，秧歌旱船、骑马坐轿、曲艺灯谜让热爱民俗文化的观众看得入迷。捏面人、捏泥人、吹糖鸡儿、糖画、剪纸等非物质文化遗产，让百姓直观感受传统文化的魅力。

20世纪90年代以后，庙会规模更大，逐渐扩展到北起洹北小区，南到红旗路自由路口，东到安漳路东工路口，西到红旗路北头电池厂西路口的范围，赶会人

庙会上的轧饸饹

数达 20 万人之多。城内万人空巷，安阳桥头人流如潮，成为城区第一大庙会。农历丁酉年（2017 年）正月十六恰逢星期天，风和日丽，暖意融融。经历了 2016 年夏天那场特大洪水的洗礼和考验，古老的安阳桥修葺一新，庙会上更是人潮涌动，扶老携幼，摩肩接踵。据《安阳晚报》报道：这一天，庙会双向人流达 34 万之众，刷新历史纪录。

在老安阳人的心目中，只有逛完了安阳桥古庙会，才算真正过完了年。

（二）龙抬头　上鼓楼

农历二月，严冬刚过，春寒料峭，人们日子过得还比较清闲。农历二月初二这天是龙抬头的吉日，也是传统的鼓楼庙会。安阳民谚有云："二月二，龙抬头，小菠菜儿，调驴肉，抱着孩子上鼓楼。"1935 年端午节前夜，鼓楼失火，烧得只剩下一个高台。但鼓楼、城隍庙一带仍为彰德府城文商荟萃之地。早春二月，人们结伴到府城隍庙敬香祈福，企盼风调雨顺的好年景。逛罢繁花似锦的平市商场转花楼，再从鼓楼坡山门拾阶登上高大的鼓楼台基。登台眺望，南北大街熙熙攘攘、人烟如织；钟楼、文峰塔高高耸立，古城风光宛若人间仙境，远观平畴沃野，远山含黛，心旷神怡。

每年二月二这天，高大的鼓楼台基之上、鼓楼洞子周围，商贩们高声叫卖着冰糖葫芦、焦麻叶儿、糖麻花，还有炒得焦黄的小花生仁儿。孩子们兴高采烈地放风筝，玩琉璃球，嬉笑着在人缝儿中钻来钻去。时近中午，江南包子馆的灌汤小笼包，南大街薛富饭馆那色泽油亮、清香扑鼻、肥而不腻的淡驴肉迎来食客盈门。小菠菜儿拌驴肉、煎饼卷驴肉，是人们难以忘怀的二月二节令美味。即使赶不了鼓楼庙会，老安阳人在农历二月二这天，也要在家中烙油饼，炒鸡蛋，调和菜，祈愿生活和顺平安。

（三）三月三　上北关

从安阳河南岸的北下关、拱辰门、南北大街、钟鼓楼、镇远门，一直到南上关、南下关，纵贯南北的街道穿越历史时空，是安阳城的中轴线，为城脉所系。安阳城区的北关，是新中国成立以后新兴的城市中心。北关位居城北门之外，位置显要，街市繁华，这里是城市的门面。昔日安阳民间有"上风上水上北关"的民谣，农历三月三的北关大生禅寺庙会，是安阳城区春天里的第三场庙会。

让我们重温一段往日的民谣《彰德府》：

> 安阳桥，七拱券，三拱流水四拱旱
> 往南走走是贡院，贡院四边儿有花墙
> 往南走走大生堂，大生堂，飘红旗
> 往南走走北关集，北关集，闹吵吵
> 往南走走是吊桥，吊桥下面长流水儿
> 往南走走小北门儿，小北门儿，过汽车
> 往南走走北大街，北大街，人烟稠
> 往南走走钟鼓楼，敲敲钟，打打鼓
> 这才来到彰德府

夏天的傍晚，从北门一带经过，不时能听到灯火阑珊处传来的声声叫卖：

> 粉浆饭，一毛一碗
> 大块儿血糕
> 风干兔儿肉
> ……

浓浓的乡音，高亢悠长，诱人的香味，会让你不由得放慢了脚步。冬天，卖冰糖葫芦的小贩儿在北门外路两旁一字排开，红红火火一片。到了过小年儿的时候，北门两旁挂满了一串串五颜六色各式各样的灯楼（笼），其中有一种纸糊的四方形灯笼叫"拾粪灯"，又到了舅舅给小外甥儿送灯笼的节令，老安阳民俗送灯笼讲究"一年方，二年圆，三年就送转籽莲"。"转籽莲"在安阳方言中指向日葵，这里指内里旋转，不断变换着画面的花灯。灯笼的近旁，是"现做现卖"的元宵摊子，摊主们将包好馅儿的元宵，放进铺陈着江米面粉的筐箩中来回滚动着，生意红火。还有东北角那一片门面很小的烧卖馆，好像永远食客如云。聚宾楼外卖的芝麻酥烧饼、水晶包、小花卷儿、开花儿馍；卫东商店二楼的冰激凌、冰镇汽水儿，是那年月多少孩子的渴望，这些都已融入了城市的集体记忆。

老安阳还有一段赶庙会的民谣：

> 正月十六儿打花灯，安阳桥上遛百病
> 二月二，龙抬头，小菠菜儿，调驴肉，吃唠煎饼上鼓楼
> 三月三，上北关，南关葫芦结一千，三月十八上大院……①

历史悠久的北关庙会，原本为大生禅寺会，这里是老安阳八大景"鹿苑春晖"所在地。昔日的大生禅寺殿宇巍峨，古柏参天，香火繁盛，宛若仙境。清代乾隆皇帝南巡时，道经彰德府城，也曾游历大生禅寺，吟诗咏赞，乐而忘返。

阳春三月，万物复苏，春光明媚。蛰伏了一冬天的人们，都要

---

① 朱迪忠：《趣谈安阳民俗》，《文峰文史资料》1999 年第 5 辑，第 165 页。

北关红旗路

在三月三这天来到北门外、北下关赶庙会，舒活舒活筋骨，置办一点儿家什，买些擀面杖、小马扎之类的小玩意儿，张罗着一年的生活。城郊的农户，多在会上选购苗木、菜籽儿、花籽儿，所以有了"南关葫芦结一千"的民谚。安阳解放后，北关红旗路修成了宽阔平坦的柏油马路，庙会依然延续。直到 20 世纪 80 年代中期，北关红旗路因为是主干道，三月三的传统庙会迁移到了城区东北隅的南漳涧村一带。但北关周边的许多家庭，仍在当天备好酒席，款待亲朋好友，沿袭着古老的民间习俗。

（四）三月十八上大院

城内大院街路北有一座药神庙，每年农历三月十八，在药神庙附近举办药材大会，交易安阳出产的药材。彰德府武安、磁县、涉县，豫北怀庆府（今焦作沁阳一带）的药商也纷纷结伴而来，交易红火，热闹非凡。1932年小西门开通，这里更适合商品交易。春天是修房盖屋的好时节，庙会上卖梁、檩、门窗的也较多。

初春时节，春暖花开，姹紫嫣红。青春的萌动还带着几分羞涩，青年男女逛庙会时谈情说爱，别有一番情趣。三月十八大院街庙会，是安阳城春天里的最后一场庙会。

七、鼓楼广场映世象

鼓楼广场位于安阳老城中心地带，地势高亢，城内四条主街在这里交会。巍峨的鼓楼虽已不复存在，而这里从早到晚车水马龙，繁华依然。这里是安阳老城人心灵依托的港湾。往昔，每年农历二月初二是"龙抬头"的吉日，水气萌动，福泽众生，熙熙攘攘的鼓楼庙会，寄托了百姓一份美好祈愿。

（一）广场岁月

鼓楼，是彰德府城中心的标志建筑，处于城内十字大街交会处。自打明洪武初年建成，经过历次重修，栉风沐雨屹立安阳古城近600年。1935年初夏的一场大火，将巍峨的三重檐楼阁焚烧殆尽，只剩下巨大的方形台基和鼓楼券洞。其后的20年间，鼓楼台基上荒草丛生，颓壁残垣，但人们仍可通过鼓楼坡山门拾阶而上，登高远眺，鼓楼洞子下面车水马龙，川流不息。

1952年，人民政府整修了这条贯通南北大街的唯一通道，平整路面，粉刷墙壁，办起壁报宣传栏，饱经沧桑的鼓楼券洞焕然一新。到了1956年，城市经济在第一个五年计划中得到恢复和发展。这一年1月份，拆除了鼓楼台基和鼓楼洞子，中间的空旷地带形成了这座城市的第一个广场，广场中央建起一座中苏友好纪念塔，广场东面盖起了银行储蓄所和无线电修理门市部。随后，广

20世纪50年代鼓楼广场

场西面也建起了江南包子馆，改建了人民电影院的大门。鼓楼广场饱含传统的世俗韵味，承载着民众的快乐和这座城市的商业文化传统。

（二）缤纷记忆

　　鼓楼广场东边邻近香火旺盛的府城隍庙，鼓楼东街那一排县政府北市房始建于1932年。新华市场转花楼阅历了它的繁华旧梦，这里是鼓楼城隍庙商圈的核心地带。位于广场东南隅的南锦泰糕点铺，前店后坊，店面坐东朝西，是一排前檐带廊柱的一层商业铺面，硬山灰筒瓦覆顶，具有典型的清代商铺建筑风格。南锦泰当年制作的蓼花、南糖、马蹄酥、开口笑、蜜三刀、大京枣等品类远近驰名。中秋的月饼、包酥，正月十五的元宵用精致的木匣或小竹篓儿装盛着，系着五彩线绳儿，看一眼便撩人食欲。鼓楼广场西北隅，创办于清代道光十五年（1835年）的清华池澡堂，是安阳城区的首家浴池，后来改设为人民旅社。

鼓楼广场四周，云集了照相馆、眼镜店、姚家膏药老铺、银行营业所、人民电影院、澡堂、糕点铺、酱菜店、晋丰茶庄、绸缎布匹店、商场杂货铺、江南包子馆等众多老商号，各色生意一应俱全。早年在中山街邮电局的门前，支着一张小桌儿，常年端坐一位代写书信的老先生，饱读诗书，善解人意。鼓楼广场西南隅的二层商铺，俗称鼓楼广场"西南角楼"，始建于明末，梁枋之上至今存留着精美的木雕装饰。这个店铺从前售卖煤油和土产杂货，依它的年岁，当算作现今鼓楼广场所有建筑中的长者了，见证了发生在这里的沧桑变迁。1949年5月，解放安阳的部队入城式就从它的身旁经过，城里四乡的百姓夹道欢迎，欢庆古城新生。

如果说，府城隍庙的威灵公给善男信女芸芸众生带来精神信仰的慰藉，那么，鼓楼广场的人民电影院给予人们的，则是长久的精神愉悦。1952年，安阳解放后城区首家电影院在这里开业，门口高悬的霓虹灯扑朔迷离，熠熠生辉，引发人们驻足称奇。在近半个世纪岁月里，影院门前变换着的电影海报，牵动着人们的视线和期待。从《早春二月》《冰山上的来客》到《叶塞尼亚》《基督山伯爵》，电影票一票难求，它喻示着打铃开映那一刻的欢快心情。影院还上映通宵夜场，好像是戏曲电影《红楼梦》，或者是好几部影片的连映，着实让影迷们过了一把瘾。

鼓楼电影院北门（电影《孔雀》剧照）

每当电影散场，夜色朦胧中，潮水般的人流从竹竿巷影院北门和周围的几条老街巷中渐次散去。人们边走边谈论着电影情节，为人物命运唏嘘不已，也有对自己心仪明星的称羡。幽深黯淡的街道拐弯处，隐隐传来年轻人哼唱刚刚学来的电影插曲的声音。

（三）吃货天堂

20 世纪 80 年代初，鼓楼广场回荡着时代变革的序曲。从年轻人渐趋时髦的衣着发式可见端倪，各式各样的新鲜事物接踵而至。春寒料峭的时节，百年南锦泰糕点店被拆除，就在青砖灰瓦的瓦砾堆近旁，精明的商贩支起大锅叫卖现炸的绿豆丸子汤，晚间的灯笼儿馄饨在滚沸的大锅中跳跃着。此后的鼓楼广场慢慢变成了"吃货"们的天堂。从清早到夜阑，老安阳的吃食应有尽有，高亢低回的叫卖声不绝于耳。在这里，周老大烧鸡、二军烧鸡、麻段烧鸡的销路要好于其他牌子的烧鸡，江南包子、天香包子、三鲜包子每天都在争抢着客源，王记豆腐脑老店总是在上午 9 时左右就售罄收摊。晚间，那卖老豆腐的一老一少，隔天轮换，他们可不是一家人，而是鼓楼工商所安排的隔日轮流出摊。卖炒凉粉儿雪花儿酪的，卖烤红薯糖炒栗子的也都生意红火。夏季的鼓楼夜市堪称一景，卖风干兔肉、铺牛肉的，卖煎灌肠、煮串儿、肉夹馍的，卖烧烤、羊肉泡馍、手擀面的摊档灯火通明，时常人声鼎沸，食客如云。

鼓楼王记豆腐脑（2018 年摄）

当南天还是繁星点点，东方已泛起微明，鼓楼广场又迎来了热闹的一天。天还没放亮，广场便回荡起"油条、豆沫儿、粉浆饭——"的吆喝声，西南角楼的轮廓氤氲着饭食冒出的白色热气。

南北大街是安阳老城的城脉所系，长久以来，鼓楼广场成为老安阳人的精神家园。甲午马年（2014 年）元宵佳节，广场上空腾起的烟花依然璀璨绽放，让人们回味起 30 多年以前，年轻人在广场中央燃放"泥窝子"礼花、两响炮的欢悦场景。

八、光影婆娑照相馆

时光回溯至 1918 年，伴随着一挂喜庆的鞭炮，位于鼓楼东街平市商场北楼的"振华轩"照相馆开业了，新奇的照相术传入豫北安阳城。

据李宗翰《解放前安阳的照相业》[①]一文记述，振华轩是近代安阳开设的首家照相馆。照相馆的掌柜名叫祁兆瀛，河南汲县人。他原先是一个木匠，年轻时曾随其父到天津、北京谋生。当他见到京、津照相馆后颇感惊奇，认定这将是一项前途远大的营生，于是萌生了把照相术引进到豫北家乡的想法。祁兆瀛把先后几年间的积蓄，全部用于购置照相器材，拜师学习掌握拍照和冲印技术。他先在老家汲县开了一家照相馆，并不为民众所接受，生意颇为萧条。后来祁兆瀛辗转来到彰德府安阳城，先是蜗居于鼓楼东街西首路南王记"福兴恒"纸张店的后院，开始试营业，他利用各种方式招徕顾客。起先是读书的年轻人纷至沓来，继而有巨贾富商接踵而至，生意日渐红火起来。这时适逢修葺一新的平市商场转花楼对外

---

① 《文峰文史资料》1989 年第 2 辑，第 97 页。

招租。几经商议，祁兆瀛租赁了商场北楼开设照相馆，并亲赴北京聘请了高明的照相技师，又添置了新的照相器材和冲印药剂，"振华轩"照相馆在"转花楼"正式营业。"振华轩"后来易名为"振华照相馆"，直至新中国成立以后，生意一直兴隆不衰。至20世纪30年代，照相术逐渐被安阳民众所接受，城区也开设了多家照相馆。小孩儿过百日、满月、生日，学生毕业，年轻人结婚，家庭照全家福，人们纷纷来到照相馆合影留念。

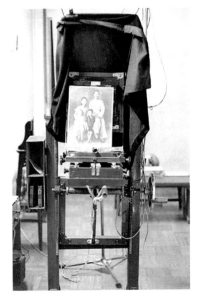

昔日老照相馆

　　1930年开业于府城隍庙中山市场东厢房的怡芳照相馆，是安阳较早的照相馆之一，经理名叫李子俊。他将接手的"丽光"照相馆更名为"怡芳"，底片由分色片改用全色片，相纸增加了布纹纸。由于照相技艺精良，赢得了顾客信任。怡芳照相馆还从北京请来一位专门从事修像的技师，修出的相片影像清晰，色泽饱满，人物摩登俊朗。怡芳照相声名大振，生意长盛不衰。原创业经理李子俊之子李宗翰先生从业50多年，家住城内唐子巷137号，他潜心钻研，不断创新，积累了丰富的摄影知识和实践经验，是安阳摄影界受人尊崇的前辈。光阴流转，时光荏苒，当年怡芳照相馆的玻璃橱窗展示的时代人物倩影，长久融入城市的集体记忆。

　　20世纪20年代后期至30年代，是安阳照相业趋向繁荣的年代。姚家胡同路南，开业于1931年的海镜照相馆声名显赫，是昔

老一代照相技师李宗翰先生

日安阳城里著名的七家照相馆之一。精明的掌柜宋子常，采用德国照相设备，雇用技师、店员6人。由于海镜的拍照、洗印、修版、放大技艺精良，首家引入了灯光摄影技术，使照相业务不仅局限于利用白天的日光，晚间也能照常营业，一度顾客盈门。海镜照相馆还用"洋红""洋绿"两种颜料给相片上水色，为黑白色调的生活影像点缀些斑斓的色彩，这在当年属于新鲜时尚的事物。"七七事变"后，安阳城的沦陷使得照相业生意萧条。到1937年末，安阳城仅存振华轩、怡芳、海镜、宝光、容上五家照相馆在惨淡经营。

安阳解放后，历尽沧桑的照相业重新焕发生机。怡芳、海镜等照相馆先后恢复营业。1956年公私合营，海镜、怡芳、振华三家私营照相馆组成照相业生产合作组，分别在火车站附近和姚家胡同营业。经营了30多年的海镜照相馆于1963年关张，淡出光影婆娑的历史舞台。

九、余音绕梁话曲艺

一块醒木，一把折扇，口若悬河说书人。

几排条凳，把盏香茗，津津有味听书客。

炎凉悲欢艺人笑中带泪，简板琴弦唱尽世间百态。

海阔天空评说是非功过，方寸之地演绎江湖风云。

评书也叫"说话"，是一门古老的民间说唱艺术，它兴起于唐代，繁盛于两宋。安阳人把评书叫"说书"，与河南北路坠子同为安阳百姓喜闻乐见的曲艺形式。昔日安阳老城的书场，集中分布于繁华的府城隍庙、中山市场北部，还有高阁寺东侧甬道、县西街运动场、城南井楼桥、火神庙一带。

（一）醒木一声久远回响

枕山带水安阳城，四省通衢，交通便利，自古为豫北商埠。城内街市繁华，文商兴旺。清末，评书传入安阳。早期的艺人多来自山东、开封，偶尔驻留安阳城，难以长期站稳脚。本地评书较早兴起于 20 世纪 30 年代，当年有个姓朱的说书艺人，在城内红庙街东头马莲坑南岸摆书场，演说《雍正剑侠图》。从 20 世纪 40 年代起，安阳评书逐渐形成规模，艺人演技高超，听众日渐增多。

民国时期，安阳有了露天说唱的评书艺人，书场设施简陋，大多位于搭着席棚的茶社、茶馆之中，茶馆靠说书的卖茶水，说书的利用茶馆场地招徕听众。不管是喝茶的、过路的，还是专门来听书的，都可自由出入，站着、坐着听说书不收取门票。

说书艺人一把折扇、一方手帕、一块醒木，面前摆放一张小方桌，便开场说书，俗称"撂地"。说书人使用的三样儿道具：一把折扇行话叫"弓子"，用来代表兵器；白手帕叫

茶馆里听说书（源自京报网，齐瑞申供图）

"拂子",用来代表书报、文章,将手绢展于胸前,喻示皇上圣旨,绕上几圈儿,则代表鞭子;枕木行话叫"醒木",往往说到高潮迭起的当儿,艺人拿起枕木,"啪"地一拍,场上听众的情绪便骤然紧张起来,引得人们全神贯注。

说评书是跑江湖的行当,吃的是张口饭。在露天书场流行的时代,评书艺人以吸引天天来听书的"回头座儿"为本事。城里的有闲阶层、劳动之余的底层百姓,养活着这些说书艺人。章回本长篇评书,每每说到紧张而有悬念的地方,说书人醒木一拍,戛然而止。"欲知后事如何,且听下回分解。"将悬念的揭晓留待下一场次。这时的说书艺人便要打躬抱拳,请听众往小笸箩里撂些赏钱,他们最担心的是说完一段书,听众都走散了。所以常常会以"有钱帮个钱场儿,没钱帮个人场儿"来留住观众。

昔日安阳城里说书较早、持续时间最长的两个地方:一处是府城隍庙北边的老商场,新中国成立后改为新华市场。另一处为高阁寺东侧甬道及周围的茶馆、茶棚,这里茶坊酒肆林立,人流密集,是一个较大的说书场所。

安阳文化学者齐瑞申先生记述,20世纪40年代,安阳评书界演技高、名气大、听众多的是陈庆麟。由于他身材矮小,面容黝黑,人送绰号儿"小短(的)儿"。陈庆麟1940年前后开始说《七侠五义》,接着说《小五义》《续小五义》《再续小五义》《续续小五义》。一部《小五义》,一直说到50年代中期他去世时也没说完。在多年的说书生涯中,陈庆麟融合各派之长,逐渐形成独特的表演艺术风格,语言明快,粗犷豪放,悬念多,动作也多,节奏感强。陈庆麟早年曾在南关习武,具备扎实的武术功底。他说书时的一招一式,来龙去脉,都交代得清清楚楚。由于动作幅度大,蹿蹦跳跃,紧张激烈,让听众看得眼花缭乱,惊心动魄,连连叫好。

　　以往正月里人闲，陈庆麟的书场围得里三层外三层。有的书迷父子、兄弟一块儿来听书，一听就是一正月。陈庆麟从早上9时连续说到下午5时，中午也不歇息。听书人听上了瘾，干脆替换着回家吃饭，回来再相互转述故事情节。就连那些整天忙于生计的人，也要趁着中午吃饭的空当儿，赶紧过来站着听上一段儿，过过书瘾。

旧时艺人说书照（齐瑞申供图）

　　安阳评书艺人中，杜春光与陈庆麟同样具备武术功底，他不仅说书时间最长，在同时代的评书艺人中，文学修养也较高。据杜春光先生的侄子、相声演员杜培玉回忆，早年，他的伯父在书场中手摇折扇，步履轻盈，谈吐高雅，颇有文人学士的儒雅风度，是老安阳人公认的"书肚"。杜春光记忆力超强，把一部《三国演义》背得滚瓜烂熟，堪称一绝。比如《张松献图》，整段儿就是书中的原词儿。《隆中对策》《舌战群儒》等精彩段子让听众入了迷，书场里时常围得水泄不通。杜春光出身武术世家，家住城里马号街。他身架子好，面容清癯，说书时比画的动作，在习武行家看来都是真功夫。杜春光书路宽泛，擅长说《三侠剑》等短打公案。他将那些除暴安良的绿林好汉、行侠仗义的江湖豪杰描画得栩栩如生，折服了有一定文化基础的听众。另一位说书艺人靳宝珠，以表演《济公传》《水浒传》见长。无论陈庆麟、杜春光，还是靳宝珠，三位老评书艺人有一个共同特点，用安阳本土方言说书，观众倍感亲切，极易产生共鸣。

直到 20 世纪 50 年代，评书是扎根安阳持续时间长、听众多、影响大的曲艺形式。老评书艺人凭借抑扬顿挫、声情并茂的艺术形象征服听众。在文化生活匮乏的年代，说书艺人为老城百姓带来难以忘怀的欢愉。陈庆麟、杜春光后来加入安阳曲艺队，成为专业评书演员。曾经热闹非凡的露天书场，渐次退出了历史舞台。期待安阳评书重新进入人们的视野，再现熠熠华彩，传续那久违的缤纷记忆。

（二）坠子一曲余音绕梁

"河南是个坠子窝，离了坠子不能活。"这句俗语表达了河南坠子艺人之多和人们对坠子的由衷喜爱。河南坠子诞生于清代道光年间（1821—1850 年）的开封，开封曾作为河南省会，所以称为河南坠子。

流行于安阳的河南坠子属北路流派，它吸收了三弦书、莺歌柳的韵味，创造出适合表现的韵调和唱法，形成欢快幽默的喜剧艺术特色。北路坠子流行于豫北新乡、安阳、濮阳，山东菏泽一带，代表人物是内黄县马上乡人乔清秀。她从 13 岁起跟随南乐县坠子艺人乔利元学唱河南坠子，唱腔以欢快活泼、清脆圆润见长，自成一派。乔清秀 1929 年至 1939 年在京、津、沈阳等地演出，大获成功，赢得"坠子皇后"的美誉。另一位坠子演员是祖籍天津的范艳霞，是久负盛名的坠子名家，她的演唱以京津北方方音为主，兼有京韵大鼓的韵味，道白清脆流利，演唱酣畅淋漓，蜚声安阳曲坛。安阳解放后，范艳霞曾担任安阳曲艺队队长、曲艺团团长，她在牡丹亭、安阳曲艺园的演出深受听众喜爱。

20 世纪 30 年代，坠子艺人大多在城乡庙会演出，城里集中在老商场、高阁寺一带，城郊则伴随节日、庙会、集市等民俗活动演出。演唱的内容以古代曲目居多。《昭君出塞》《岳家将》《杨家将》《呼家将》《大红袍》反映忠勇爱国、除暴安良的人物事迹;《小姑贤》《拉荆芭》歌颂劳动人民勤劳善良的美德;《宝钗扑蝶》《卖油郎独占花魁》《雷公子投亲》表现纯洁忠贞的爱情。演员演唱声情并茂,道白风趣幽默,富有乡土人文气息,深受观众喜爱。

北路坠子的伴奏乐器,主要是坠胡和简板,旧时的坠子演员或自拉自唱,或夫拉妻唱,或师拉徒唱。高明的琴师在演唱之前先拉一段前奏,亮亮绝技,一为活跃气氛,二来招徕观众。前奏到最后一个乐句时,演员从侧面转身亮相,弦乐骤停。演员开言先说一段顺口溜,逗个笑话儿,接着唱个小段儿,然后才唱正书。新中国成立以后成长起来的坠子演员,以内黄人王巧珍最为出色。她于1960 年加入安阳市曲艺团,拜范艳霞为师,唱腔浑厚粗犷,吐字清丽,擅用道白,铿锵有力。表演动作干净利落,形成独具魅力的

"书状元"王巧珍表演照

表演风格，人送外号"小兰芳"。1987年河南宝丰马街书会上，王巧珍一举夺得"书状元"美誉。

新中国成立后，由于评书曲艺为安阳百姓喜闻乐见，市政府文化部门在安阳老城里扩建了两处曲艺表演场所：一处是位于小西门内大院街35号的安阳曲艺园，又叫安阳曲艺厅；另一处是位于新华市场北部的牡丹亭，俗称"牡丹厅"，这里地处鼓楼城隍庙繁华商圈，南邻熙来攘往的新华市场。牡丹亭始建于1957年，砖木结构，功能齐备，四扇大门上部为红瓦坡屋顶，由舞台、观众席、茶房、化妆室、演员宿舍组成，能容纳观众250名。20世纪50年代至60年代初期，这里每天上演评书、相声、快板、坠子等曲艺节目，观者如潮。逢有老评书艺人杜春光引人入胜的精彩表演、坠子演员范艳霞倾情演唱的《杨家将》《大红袍》更是场场爆满，台下观众边欣赏表演，边喝茶、嗑瓜子，乐而忘返。牡丹亭曾经的热闹繁华，长久定格于老城人的记忆中。

十、胡起祯与聚宾楼

"聚宾楼"在安阳老城的酒楼、饭馆中鼎鼎大名，创始人是安阳人胡起祯，他于1882年出生于城内一户贫苦人家。清光绪二十年（1894年），12岁的胡起祯为减轻家庭负担，来到当时妙真饭庄的前身醉仙居酒楼做学徒。19世纪中叶，彰德府城南门西街的胡姓人家，开办了名为"醉仙居"的酒楼，位于城内繁华的二郎庙口街路北。随着经营规模的扩展，先后易名"会贤居""荣庆楼""妙真饭庄"，香飘安阳古城。

从醉仙居酒楼的一名小学徒，到后来驰名豫北的饮食行老字号创始人，胡起祯付出了超乎常人想象的辛劳。过去"勤行"的学徒，虽说管吃管住，但三年为期只干杂活儿，不教手艺。天不亮，就得起床打扫庭院，担水和煤，抹桌子，还不能弄出太大的响动。天亮后，先给掌柜的叠被子，再干家务活儿。白天择菜刷碗，剥葱捣蒜，帮厨打杂，经年累月没有空闲。年幼的胡起祯起早贪黑，干活儿勤快。为了端稳勤行这

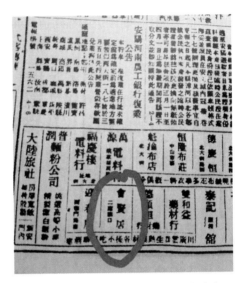

民国时期安阳报纸刊载的二郎庙口会贤居广告

碗饭，他从"大锅头"一直干到红案帮厨，眼勤手勤腿勤，下功夫学得真本事。平日里，师傅什么菜改什么刀，如何配菜，烹、炸、爆、扒如何用火，该用什么样的油温，他都看在眼里，记在心上。经过几年历练，无论"上八珍"，还是鸡鸭鱼肉，经他之手烹饪后成了美味佳肴，慢慢得到了掌柜的喜爱和认可。

寒来暑往，三度春秋，胡起祯拜醉仙居酒楼技艺高超的胡家五掌柜为师，厨艺日臻纯熟。淡季、雨雪天气客人稀少，他便主动到白案干活儿学手艺，和面、醒面、调馅、煎焙、烘烤，小笼包、烫面角、焙锅贴儿、炉烧饼，各样技艺谙熟于心，他还学会了制作花色糕点。跑堂接待也是胡起祯在醉仙居练就的绝活儿，他眼观六路、耳听八方，声音洪亮的响堂报菜给饭馆增色不少，18岁时胡起祯成为一把烹饪好手。旧时的彰德府城，许多人家的红白喜事都是在家院里搭棚置办酒席，他从开菜单、摔炉子、捞桌、正事儿四个环节精打细算，处处为事主着想，席面丰盛，味道可口，深得事

主信赖。当时城里百姓，都知道醉仙居有个姓胡的名厨，家中办事儿点着名儿请他去掌厨。

胡起祯在醉仙居一干就是13年，他踏实肯干，早出晚归，家里人却常年租房"串房檐子"，居无定所。为了不让年迈的母亲和妻儿再受苦，他毅然决然拿出手中积蓄，想创办一家自己的饭馆，挣下一份家业。光绪三十三年（1907年），25岁的胡起祯挥泪辞别了醉仙居五掌柜，在城里中山街钟楼北路西开办了一家聚贤楼饭庄，这便是老字号聚宾楼的前身。聚贤楼一开始售卖炒饼、烩菜、烧卖、酥肉皮渣、粉浆饭等传统菜品和大众饭菜，走上了艰辛的创业之路。胡起祯凭借多年积累的烹饪技艺，精工细作，薄利多销，很快打开了市场，回头客越来越多。聚贤楼原来的三间店面，已远远不能满足经营需求。20世纪20年代，生意渐火的聚贤楼更名为"聚宾楼"，迁至北大街路西新址，五间店面，前场后店，后院儿设包席雅间。新开业的聚宾楼，一改过去经营中低档饭菜的策略，定位为豫菜高档饭馆兼包席馆，菜式融汇了鲁菜技法，结合安阳当地的食材和饮食习惯，形成具有独特地方风味的特色系列菜肴，颇受食客青睐。

从1928年到1937年日军侵占华北，是聚宾楼饭庄生意鼎盛的时期。据胡起祯先生的长孙胡德仁回忆，当年聚宾楼经营的特色菜品有：扒龙须、鲍汁燕菜、清炖官燕、红扒鱼翅、葱烧海参、凤展翅、桂花糍粑、扒猴头、三不沾、素什锦、爆双脆、香酥鸡、南煎丸子、红烧鲤鱼、秘制牛肉、水晶肘子、五香钱肉、广东饹馇、糖熘脆骨、糖熘毛丸、熏六样、松肉丸、什锦年糕、细香碟上灶、拔丝山药、蜜炙八宝饭、杏仁豆腐、酥肉皮渣两吃等。

聚宾楼烹饪食材来源广泛，地域跨度大，制作精细，丰俭由人。即便是普通食材，也会花心思、费功夫去做。聚宾楼售卖的特色面点，开花馍、小花卷、水晶包、小笼汤包、缸炉烧饼、双麻烧饼也是别具特色。俗话说"人叫人千声不语，货叫人不叫自来"。聚宾楼以奇、以真取胜，居胜。特色菜肴突出安阳地方风味，讲究制汤，咸鲜为主，咸甜适宜，原汁原味，丰盛实惠，注重礼节。饭庄主营包席，高档宴席有鱼翅

中山街钟楼北聚宾楼旧址（2007年摄）

席、海参席、鲍翅席、大件席等；民间宴席有八碗八、五碗四的菜式以及一品锅、火锅、海烩菜、上烩菜等。根据节令推出菜肴，春有熏烤卤味，夏则凉拌时鲜，秋有熏鸡嫩鸭，冬则香肠肘花。荤素凉盘、雕刻造型、单炒单熘，有的菜肴要十多天才能做成，有的菜肴一年中就卖那么几天。当年裴家巷的那口甜水老井，是聚宾楼使用的专用水源。

聚宾楼在长达40年的经营中，以特色菜品、经营规模、烹饪技艺、周到服务赢得市场，彰德府城及周边的客人慕名而来，满足社会各界、南来北往客商的需求。当时社会上流传着"要吃席，上聚宾"的口碑。白手起家的胡起祯，历经艰难坎坷，铸就了老安阳饮食行业这段传奇佳话。他为安阳烹饪行业培养了大批技艺精湛的高徒，自己也在城内短街4号置办了房产，实现了早年许下的宏愿。1953年5月，胡起祯走过了他71岁的人生历程，兴盛古城40载的聚宾楼老店就此落下帷幕。

1980年5月，改革开放的春风吹拂着安阳古城，沉寂多年的

饮食业重现生机和活力。市商业局饮食服务公司为了恢复老字号，将城北门外路东的"国营安阳食堂"扩建整修，沿用了"聚宾楼"这个老字号。2002年春，北关拱辰广场改造时饭店拆迁，迁至北大街口今址，名为"百年聚宾楼"。

十一、"全盛"郑家老粉坊 ①

2008年9月，"全盛"郑家老粉坊入选第一批"安阳市非物质文化遗产"名录，是全市传统技艺类唯一入选的粉坊。2009年5月，入选第二批"河南省省级非物质文化遗产"名录。当年河南省非遗"传统技艺类"共入选30项，安阳老城这家百年粉坊成为全省唯一一家入选的粉坊。

从清代彰德府到今天的安阳城，城内西大街郑家老粉坊百年传承，尤以"全盛"老字号久负盛名。采用传统手工技艺制作的粉皮、粉浆深受安阳百姓喜爱。"全盛"郑家老粉房跻身河南省非物质文化遗产名录，是基于长期保持传统手工制作技艺，良好的产品质量和信誉。作为一家百年老字号，在当今众多传统技艺濒临失传或消失的背景下，仍保持旺盛的生命力，缘于它深深植根于百姓之中，得到人们的认可和青睐。

（一）粉皮 粉浆 粉浆饭

粉坊，是将磨制的绿豆粉漏成粉条，趸成粉皮，产生副产品粉浆的古老作坊。粉皮，是粉坊的主打产品。"全盛"郑家老粉坊制作的粉皮外观晶莹，厚薄均匀，白中透亮、透青，鱼鳞花纹清晰，久煮不糯，口感滑润，营养丰富，是安阳传统菜肴中主要配

---

① 本部分由齐瑞申供稿，编入本书有改动。

料之一。凉拌粉皮为凉菜之首选，焯水粉皮丝拌入红萝卜丝、香菜，淋入掯好的芥末、小磨香油、香醋，红、白、绿三色相间，香、辣、酸三味齐全。肉丝拌粉皮、肉丝带底也是经典冷盘。热菜中，粉皮大炒肉是安阳传统特色菜肴。精选五花三层带皮回锅肉，切薄片，放入泡好

西大街全盛郑家老粉坊（2009 年摄）

的郑家粉皮、腐竹、西红柿、青白菜爆炒，红、白、黄、绿鲜艳清亮，色香味俱全。鼎鼎大名的安阳烩菜，更缺不了口感爽滑的粉皮做配料，粉皮吸收了其他肉类食材的浓香厚味，味道十足。

粉浆本是磨制绿豆后沉淀的浆液。在外地人看来是废料，但在古城安阳，粉浆却被赋予神奇的魅力。以粉浆作为原料熬制的粉浆饭，其"风头"甚至盖过了主产品粉皮，成为安阳风味小吃"三大宝"（粉浆饭、皮渣、血糕）之首。"粉浆饭，大豆儿，烧饼火烧夹肉儿。""粉浆饭，热三遍，皮渣肉菜都不换。""粉浆饭酸溜溜，葱姜芫荽不能丢。"这些脍炙人口的民间俗语，生动表达了安阳人对粉浆饭的喜爱。

如果你到安阳没有喝过粉浆饭，那不仅是一种遗憾，而且等于没去过安阳。粉浆饭，在安阳的小吃中是最具特色、最有风味、最为别致的一种美食。这种饭喝起来酸中带甜，五味调和，风韵独具。现如今，粉浆饭已经成为安阳地方风味小吃的一张名片，就连安阳大小宾馆、饭店都以粉浆饭套餐作为地方特色。

（二）泡豆　磨浆　趁粉皮

制作粉皮需要经过泡绿豆、磨绿豆、过滤、晾晒粉面、趁粉皮、二次晾晒成型六道程序。其中趁粉皮最为关键。只见工人舀一勺兑好水的粉面糊，放入铜旋内，两手端平在沸水锅内用力一拨，铜旋在水面上飞速旋转，转 10 余圈后，提出铜旋，晃几晃，让些许沸水进入旋内，粉面均匀摊好。成型后的粉皮显露出清晰好看的鱼鳞花。然后迅速把铜旋放入旁边的凉水大缸内。旁边的助手接过铜旋，在凉水中泡几下，让凉水进入，迅速将粉皮揭下，摊到准备好的高粱箔上，一张箔恰好摊 5 张。

趁粉皮是个技术活儿，要眼疾手快，趁一张也就 20 来秒。铜旋在沸水锅内不能扑跳，要平衡。一头高一头低，粉皮薄厚就会不均匀。一般一个工人一天趁五六百张，多的有 1000 张，没个好身板儿坚持不下来。趁粉皮还是个辛劳活儿，无论冬夏，都要站在 100 度的开水大锅旁，像在大蒸房里，整个人就像水洗过的一样。

晾晒粉皮（2014 年摄）

一张看似普通的粉皮，经过六道工序，6天才能制成产品，这似乎有点太复杂费事了。"全盛"郑家老粉坊传承人郑天勇说，现在外地市场有机器粉皮，制作速度倒是快，可口感远不能与手工粉皮相比。正像作家二月河所言："爱吃面条的河南人都知道，手擀面可比机器轧出来的面条好吃多了。"

（三）执着　守望　传承人

西大街郑家是粉坊世家，清代初年，郑家先人就在安阳老城西大街开粉坊。"全盛"郑家老粉坊现已传承到第11代。第10代传承人郑会和第11代传承人郑天勇的人生经历，见证了不同时代城市手工业经营者的不同命运和奋斗轨迹。

郑会出生于1926年，他一生对别的营生都不感兴趣，唯独对开粉坊情有独钟。他上过几年私塾，粗通文墨，从小遵从父命，继承粉坊事业，各项操作技艺他都能拿得起放得下，而且懂经营，善管理，很快成为"全盛"郑家粉坊的顶梁柱。战乱年代市面萧条，尽管郑会施展了浑身解数，老粉坊还是只剩下一盘磨、一头驴、一天只磨五六十斤绿豆，苦苦支撑着。安阳解放后，郑会甩开膀子大干，雇用了工人，增添了牲口，生意又重新红火起来。1956年公私合营，市里把豆芽坊、豆腐坊、粉坊三个手工制作行业合并，成立了安阳淀粉厂。郑会因为懂技术参与厂里经营管理。1962年，沉重的家庭经济负担迫使郑会走上了拉平车以供养全家人生活的道路。

1979年10月，改革开放的风潮激荡着神州大地，已经53岁的郑会又像他20岁时支撑家业一样，浑身充满了力气。他果断扔下了几十年的工龄，重新回家开起了粉坊。"全盛"老粉坊的重新开业，一时间轰动了安阳城。粉坊生意的红火是郑会意料之中的。禁锢多年的个体经营又露面了，人们又可以买到地道正宗的粉皮、粉浆了。当年粉皮1.8元一斤，一些城乡接合部的居民挎着篮子，一

河南省非遗传承人郑天勇（2018年摄）

买就是五斤，当时一般职工月工资也就是几十元。大众化的粉浆销量更是惊人，顾客排着队，工人不停地盛舀，一天下来，胳膊都酸得抬不起来。

郑天勇是全盛老粉坊的第11代传承人，他一门心思学手艺，东郊聂村有一位老师傅漏粉条又细又匀；本家一个哥哥揎出的粉皮边窄，小鼓爆花均匀透亮，一斤粉面别人揎10张已属不易，而他能揎12张。郑天勇虚心拜他们为师。加上天资聪慧，两年时间他就全面熟练掌握了粉坊的每道操作工序，成为同行中的佼佼者。与父亲相比，郑天勇更多接受的是改革开放带来的新思想、新观念，经营规模不断扩大，他也成为一名政协委员，担当公益慈善社会责任。

"全盛"郑家老粉坊走过了200多年的坎坷历程，经过几代人的不懈努力，铸就了一段商业传奇。如今的"全盛"郑家老粉坊，已由当初西大街一个不起眼的家庭作坊，发展成为有限责任公司，旗下开设多家连锁专卖店，成为安阳特色食品的标志品牌。关于未来的发展，郑天勇说："我要继续深入挖掘提升老粉坊的文化品位，与安阳饮食文化结合起来，保持手工制作技艺，让更多人喜爱安阳传统特色食品。"

第七章

方言撷趣

一方水土养育一方人，也滋养了这一方方言。历千载悠悠岁月，生活在洹河、漳河岸边的安阳人，积淀了朴实淳厚的民俗风情，成就了蔚为大观的方言文化。市井坊间的地道安阳话、高亢悠长的市声合唱，是安阳的人文表情或音符。乡音总关乡情，节令就是命令，丰富多彩的民间生活，一年四季皆有风景。生活虽然向前，记忆不可或缺，它昭示着我们前行的方向。

一、这方水土与方言

光阴荏苒，时空流转。洹水汤汤，不舍昼夜。

老安阳话说天下小雨儿，"可星"；母鸡叫"草鸡"；麻雀叫"小冲呐"，其中有一个种群叫"山西小冲儿"。这种麻雀颜色略灰、敏捷、健壮，生命力顽强。它们是 600 年前追随着长长的迁民队列，从山西洪洞飞到彰德府安家落户的吗？已不得而知。但老安阳话有此一说。

这方水土孕育了这方方言，方言记述着城市的沧桑变迁，讲述着生活在这片土地上百姓的生活往事，为我们诠释着城市的人文气

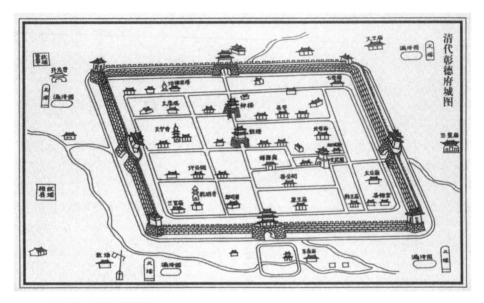

清代彰德府城图（资料图）

质。方言土语蕴含百姓的生活记忆，构成市井生活的真实图景。让
那亲切的乡音、浓酽的乡情带我们一同感受历史与现实的光影交
汇，回味往昔的生活片段。

　　留声机的发明，最早不过 100 多年，我们无缘听到年代久远的
老安阳话。安阳位于晋、冀、豫三省交会之地，安阳方言属于华北
方言中河南方言的一个次方言区，在长期的发展交融过程中，受到
自然地理环境、历史沿革变迁、古代民众迁徙等多种社会因素的影
响。在岁月的长河中，广泛吸纳了中原官话，山西、北京等方言的
语言要素，历经长期的交流、融汇、沿袭、派生，形成了极富地域
特色的语言文化景观，个性特点鲜明。有语言学者称之为"安阳方
言岛"现象。安阳地处中原，但其方言的语音、声调与以郑州、开
封为代表的中原官话有着显著的差异，处于晋语语系与中原官话交
会的地带。

广义的安阳方言，地域范围西到安阳县曲沟镇，东到安阳县界；北到河北省临漳县、磁县一带，南到汤阴县。安阳西部为太行余脉丘陵山地，东部是广阔的平原沃野。以京广铁路以西的安阳县铜冶、曲沟、马家一线为界，方言方音变化的总趋势是东西差别较为明显；而由南向北汤阴县、安阳市区，直到河北省磁县、临漳县变化相对较小。安阳话与今河北省临漳县的三台音系同属一个语言系统，非常近似，众多方言词语如出一辙。历史上漳河多次改道，两地曾互为管辖隶属，殷邺本为一体，划归两省治辖仅70多年。安阳旧称邺郡、邺县，"三台方言"属于安阳方言的范畴。

以方言文化视角探寻安阳市区的方言，安阳老城区的方言土语最具代表性。徜徉安阳老城，从年逾古稀的老年人口中，还能听到代代相传的纯正老安阳话，时间大致始于20世纪初期至今，空间范围为老城区及其周边四关和临近的村庄，包含宋代相州南城的今

乡音乡情粉浆饭（郑汉池作）

卖酱油儿醋诶来耶啊

南上关、南下关一带。

安阳老城是安阳方言的发源地，是历经融合演变延续至今原生态老安阳话的集中区域。现在年轻人虽然也说安阳话，但是被多种语言要素同化了的安阳话，虽然保持了安阳话的语音声调，但以共同语的词汇居多，老安阳话的方言土语在慢慢淡出。

安阳方言有其显著特征，概括为：声调较为平和，降调居多，一句话中没有音调突兀的字词，即使疑问句的声调也没有过大的起伏。它的声调在四声之外保留了古代北方方言的入声调，舌尖前后阻有错杂混同的现象，有着变化丰富的轻声和儿化韵，部分词语有音变和异读现象。

在其他地方的人听来，安阳话语速较快，节奏连贯，简洁明了，一句话中少有可以省略的词语，语法方面与普通话差别不大。悠久的历史赋予老安阳话丰厚的文化积淀和人文蕴涵，词汇丰富、语意鲜活、生动形象、风趣幽默，褒贬色彩浓厚，保留沿用着许多代表地方特色的特殊方言语汇。

二、细腻入微话乡音

我希望自己能揭示一点这座城市生长的年轮，过往人民的生存状况，他们的悲伤和欢乐是怎样延续到我们身上的，借琐细的面貌，得到某种意义上的复活。

——冉云飞

安阳乡音入耳入心，表情达意细腻入微，话又说得恰如其分。

兄弟，音"兄弟（die）"，唤来亲切无比。"寻"，普通话音 xun，安阳话念 xin。可别小看了这个"寻"字，小到针头线脑、油盐酱醋，大到"媳妇儿"，都是可以"寻"的，体现着人际关系的和谐融洽，互帮互助。熟悉的人，邻里之间相互用点儿用不着归还的东西，说"借"不合适，因为好借好还，再借不难，何况本来就用不着还；说"讨""要"又不咋好听。捞起面条儿，才发觉家里的蒜吃完了，于是说，"去给邻家寻一骨朵蒜呐"。

老安阳话是一部民众生活的百科全书，反映了民间生活的千姿百态，多姿多彩，其中存储了太多往昔的生活信息。寻常百姓的市井语言、五行八作的行话术语，反映了人们在特定时期的价值取向和精神追求。透过这些鲜活生动的口头语言，言谈话语，字里行间，仿佛把你带入安阳老城百姓生活的各个层面、不同的生活场景之中，体味生活的艰辛和喜怒哀乐，百姓生活的从容淡定，坚忍自强，折射出生生不息的城市人文品质。

老安阳人崇尚传统道德，民风淳朴，性情淳厚。这里"接近燕赵，土沃而习悍，士大夫相尚以气节"，"境内习俗，以俭朴为美德"。① 方言土语有着丰厚的人文蕴涵。勤劳善良、孝敬长辈、节俭务本、乐善好施、扶危济困、仗义执言、不畏强暴的品性都能从老安阳话中找到印证，俯拾皆是。

尊老爱幼是中华传统美德。安阳话说"孝顺"音"孝忖"。忖即思量、关爱，对老人体贴入微。百善孝为先，长幼有序，"在家敬爹娘，何必远烧香"。老话儿说"老得儿向小得儿"，小辈人当抱有"没有不是诶老得儿"的心态去伺奉年迈的老人。给老人端

---

① 方策、王幼侨修：《续安阳县志》（民国），卷十，《社会志》。

昔日老剃头匠

饭须两手捧着奉上，忌讳用一只手端着碗。亲情孝道维系着家庭和睦，"不孝"的人是难以出来混事儿的。"乳鸦反哺""羔羊跪乳"在民间流传久远，衍生出"送面羊"的习俗。农历六月间割罢麦子，姥姥妗子年年要给外甥儿送面羊，传承孝亲的美德。

节俭务本，勤俭持家是老安阳人固守的信条，"挣诶没有省诶准"，"卖盐呐喝淡汤"，"勤扫院呐少赶集，三年能买一头驴"，"没有那钩儿嘴，不要吃那瓢儿食"，知道自己"吃几呃馍，喝几碗汤"。但任凭再节俭，该花的钱不能省，能"划开道儿才中诶"。安阳人常说的一句话是"人比人，气死人"，凡事"比上不足（ju），比下有余"，懂得知足常乐的道理。也懂得光节俭不会增加财富，守业有恒，勤奋劳作才是致富的根本。

老城区二道街北段的一条小巷叫"三义巷"，至今犹存。原先巷子的西头有一座庙宇，供奉刘、关、张桃园三结义。西营街戏楼后街口昔日有一座富于传奇色彩的活关爷庙。而仁义巷、洛阳府、唐子巷的传说人们早已耳熟能详。崇尚传统道德，宽容厚道，乐善好施是安阳人的秉性。不过施与也讲究"有话给舀（了）知人，有饭给舀饥人"，"饥舀（了）给一口，强似饱嗷给一斗"。侠肝义胆安阳人，为正义为朋友不惜两肋插刀，安阳话叫"披（pei）血布衫呐"。与人交往言而有信，有诺必践，忠厚仗义安阳话叫"仁务"，不"仁务"的人不"供事儿"。安阳人疾恶如仇，不畏强暴，

"不中把他拾掇了","他家种呐二亩人头地?"平时"不找事儿,有了事儿也不怕事儿"。从前俩脾气暴躁的人见了面,三句"你说咋介"就能干开,打起架来一见血不要命。

毋庸讳言,安阳人也有"出头儿哩椽呐先烂","人怕出名儿猪怕壮","跟呐下,不害怕",不敢为天下先的"随大溜"心态;因循旧规,得过且过,四平八稳;说千方百计达到目的的人"钻曲""钻天拱地"。既有"不到黄河心不死""不碰南墙不回头"的倔强和执着,也有"见啥人说啥话,遇啥人用啥法儿","四面(mi)儿光八面儿圆"的圆滑世故;"天塌了地接得哩","事大事小,到时候儿就了"的满不在乎心态。

"材料",共同语意为可用来造成品的物料、原料,如建筑材料、衣料儿、布料儿、文字材料,写文章得收集材料。安阳话说"有材料""没材料""少材没料"的材料不是指物质材料,而是人的本领、本事、才能、能力,相当于"有才"。推脱的谦辞才说"不是那一挂料"。

五行八作、五花八门、包罗万象的市井语言,吃穿用度,喜怒哀乐,酸甜苦辣,无所不包,蕴涵丰厚。品味这鲜活的乡土语言,能意会老安阳的人文积淀和风情逸趣,探寻到这座城市的历史脉动。

三、生动形象说方言

语言是文化的一部分,人们掌握了某一种或数种语言,就掌握了语言中所包含的文化。语言作为总的文化的一部分,即作为社会环境的一种要素而代代相传。

——丁鸿富

生动以形象依托，方言的魅力在于情境之间却张扬恣肆。

老安阳话说"骑得驴找驴"是"手迷耶"；"骑得驴找马"则是先有了着落，再去寻求更好的前程。钱锺书先生在《围城》里讲了这样一个故事：车老板儿①为了让驴拉车走长路服服帖帖，不捣包，在它的俩眼之间系上一根儿红萝卜，驴便一直拉着车往前走，走啊，走啊。等到了地头，那根儿萝卜让不让吃还是两可的事儿。驴除了拉车，还被人们用来蒙上"碍眼"，再戴上"驴抽得"拉磨，磨道哎驴儿走不远。最后还是因为"驴肉好吃"而卸磨杀驴。即使这般，依然"倒驴不倒架儿"。事情不好办，老话儿说"不是驴不走，就是磨不转"，也真够作难的，以至于"作难转筋""腿肚得朝前"。磨盘是就地打转儿的，安阳话称胡搅蛮缠，不明事理儿，不好打发者为"缠磨头""母猪头"，有点儿揶揄。"哪儿黑哪儿住店"，说的是赶着驴车行进中没有时间计划，没有明确目标，太过随意，肯定不能准时到达目的地。

```
 ⌒⌒⌒
{/ o o /}      安阳话称蛮劲大的人"母猪头"。
( (oo) )
 ⌣ ⌣
```

民以食为天，曾经的饥饿饿得人"前心贴后心"。人只有一个心，因过度饥饿又饿出来一个心。怎么办，先"点点心慌儿"吧，也说"点点"，东北话说"垫吧垫吧"。所以点心是正餐的点缀，不是用来填饱肚子的。口腹之欲展露得过多，安阳话直白"老吃得""老吃得底儿"。这句话若放在小孩儿身上尚无大碍，若放在大人身上就有点"那个"，好吃懒做。说惯吃白食的人像将要"摆籽

---

① 安阳话称之为"赶毛驴儿哩"。

磨剪子抢菜刀

焦微子糖麻花儿

得"的鲤鱼一样，"吃白耶肚儿了"；说吃好的饭食能叫人"吃豁唠鼻得"；说吃不饱的人"吃嘟嗓呐眼儿哩耶"，有点儿没出息样儿，多一口也吃不下了。吃饱了还不善罢甘休，叫"肚饱眼睛饥，喉咙眼呐下不去"。说饭盛得满，堆尖儿叫"冒尖"，可是人也有"冒尖"的时候，觉得自己"大了"；于是没事儿找事儿，无事生非，多半就是"吃饱嗷撑哎"。如果一个人的饭量儿特别小，吃得少，安阳话说"洋活得哩"，像鱼缸里游弋的金鱼，不喂食，光喝水也能存活好长时间。

说办事儿出轨走样儿，叫"不照柳道""跑板儿"。"板"本是戏曲歌乐的行板节拍，"跑板儿"较之"跑调"也许要严重得多，"跑调"只是声调出了点儿偏差，"跑板儿"则是离了大谱，偏离了轨道和方向。还有根本就"找不着调"的人，整天朝三暮四，"东漆一头，西漆一头"，连调门儿都找不着。

天刚黑说"擦黑儿"，与"傍明儿"相对应。"擦"字用得生动，与"黑"刚擦边儿，擦肩而过，后来还是让黑夜笼罩了。

饶舌，争执叫"打嘴儿""打嘴官司"。说话得不流利叫"打嘴拐""打嗝得儿"，用在特定语境，就不是专指打嗝儿了，又多了一层意思，比如不经意间占了便宜还浑然不觉、扬扬自得，别人会说，"你（说话）专不打嗝得儿哩呀？"

"摊儿"一词也有点儿意思，"摊儿"除了摊点儿、摊位之外还可理解为生计、职守。做小买卖儿得"摆摊儿"吧；干事儿起码儿得"守摊儿"吧；讲求生意好、人气旺，得有人"哄摊儿"吧；"占道经营"或一言不和可能被"掀摊子"；天黑就该"收摊儿"了。现在连去地摊儿吃饭，都叫"练摊儿"。

心疼得不得了说"心馁疼肚诶疼诶"，您瞧，这儿光心疼还不够，连带得肚子也疼起来了。心仪神往的事儿叫"心景儿"。一直

"心焦"着、担心不下的事儿小好了，那颗悬着的心终于放下了，于是长叹口气说"这心馁总算是掉往肚喂耶"。

完整可供决断的说辞叫"囫囵话儿"：啥事儿中不中得给涅哟囫囵话儿。反之则"不吐不咽"，一句话悬在口舌与咽喉之间，上不去下不来，不难受才怪。"闪腰岔气"是说事儿办得一塌糊涂，哪儿也不照哪儿了，也够呛。"毁耶"，是指大事不好、坏了前程，但安阳话也说"高兴毁耶，激动毁耶，景毁耶，得劲毁耶"。

四、天真烂漫显童谣

> 小板凳儿四条腿儿，俺给奶奶咯得嘴儿。奶奶说俺嘴真巧，过年就穿新棉袄。
>
> 小狗儿，邦邦咬，谁来耶，姥姥。买诶啥，干软枣。吃哟（一个）吧，可牒硬。馏馏吧，咬不动。
>
> ——安阳童谣

原生态的安阳话说起孩子，方言土语非常极致。以前的家庭孩子多，弟兄姊妹四五个、五六个是很常见的，也有姊妹七八个的大家庭。那时孩子远没有现在这么"娇养"。尽管生活是艰辛的，大人在孩子身上倾注了无尽的爱，舐犊之情，相濡以沫是人之常情，与现在的表达方式不同而已。

说孩子的方言词语，多得不胜枚举。比如说男孩子是"费小得""讨神"。"不讨神，长不大"，可谓经验之谈；"讨神""讨神费气得儿"也引申为事儿难办、活儿难干。以前的孩子能吃饱饭就算大人尽到了心，能吃、不挑食的小孩儿说"嘴泼"，不听话的孩子"没说式""皮脸呐""仰打二忹儿哩"。纠缠不休叫"缠磨头"；撒娇叫"浅景",娇生惯养叫"娇养""惯孩得""惯呐(nei)上天";过分的庇护叫"被违";大人把孩子逗哭了叫"戳哭了"。脾气大而怪的孩子叫"气性(ying)大""使性儿";孩子玩儿的小玩意儿叫"耍物儿";老实的孩子说"面""老面儿";调皮捣蛋的孩子称为"流厘头""捣包虫""顽皮得岔脸儿哩"。固执、倔强的孩子叫"硬头眼呐""硬头憋脑",鲁莽暴躁叫"卤""嘞卤""卤不叽儿哩""愣头青""愣头眼呐"。

说爱摆弄翻动东西的孩子"毛神""什翻""跟赶"。说爱哭的孩子"咩咩羔得"。乱得耐受不了叫"起反",一会儿也闲不住的孩子叫"不落滚儿",跑野了的孩子叫"野头蝈得"。有管束叫"有管约儿",小孩就得有些儿"怕矩儿",谁也管不了是不可以的。告戒实在不听话的孩子"作得些儿""皮儿又松了";该"歇作"或"修理"了。老话儿说"三天不打,上房揭瓦";"后娘打孩得,迟早躲不了",也引申为躲不过去,迟早要发生的事儿;"下雨天儿打孩得,闲呐也是闲呐"。说长成"半桩呐"的孩子,像是长了能耐,"胳膊够着头了"。

天真烂漫的童年蕴含了多少欢乐,还记得那些儿时的游戏吗?老安阳话说来倍感亲和。

崩蛋儿	捻捻转儿	推圈儿	斗拐	卧驴不骑
打蹀斗	跳绳儿	操绞	抓(cua)羊拐	踢布袋儿
当藏	支锅	当(kei)	当面包	摔泥窝得
指五官	丢手绢儿	挑兵挑将	跳闸	咯蹬房呐
悠秋	打死救活	高高山	打水漂儿	撇(拍)画片
挤尿床	叉大步	打弹弓呐	斗地织儿(蟋蟀)	
压板儿	当烟纸儿	点点豆豆	抓(cua)子儿	

撞钟	蛤蟆蛤蟆洗洗澡	警察抓小偷
当冰糕棍儿	鸡鸡翎儿砍大刀	指星星过隅（月）儿
当摆摆亲戚	死鸡得烂白菜	绷杏胡（核）儿

昔日的童谣，体现了老安阳话独有的特色和韵味儿，饱含着生活真趣和对孩子的一往深情。"拉锯扯锯，姥姥门儿朗有台戏。接闺女请女婿，小外甥儿也要去，一巴掌儿打回去。"（《拉锯扯据》）这首大人说逗婴孩儿的歌谣，情境是大人抱着孩子坐在自己的腿上，面对面握住孩子的两只小手儿，一拉一送，有节奏地吟唱，体现了天伦之乐的美好情趣。"小猫儿，上树偷桃儿。听诶狗咬，下来就跑，瓦支儿绊倒，好咬好咬"（《小猫儿》），既是一首经典童谣，也是一首悦耳动听的催眠曲，玩儿困了的孩子依偎在母亲的怀抱里，呢喃中已进入甜甜的梦乡。"老胖打麻将，输（ru）了钱儿不还账，背得孩得去瞧唱。"（《老胖打麻将》）曾有数十年间麻将牌是禁绝的，这首童谣让孩子懵懵懂懂间记住了麻将牌和那个赖账的胖子。"翻饼调饼，芝麻盐儿擀油饼，你吃块，我吃块，咱俩做个好买卖（给小妹妹留一块）。"（《翻饼调饼》）拍手或游戏中，画饼是不能充饥的，饿了照样儿往肚里咽口水。"一抓金，二抓银，三抓不笑是好人。"（《一抓金》）让孩子伸出小手，姐姐哥哥或者大人在稚嫩的手掌心儿里轻轻挠画

崩玉蜀黍花儿

着，挠不到第三下儿就都憋不住笑了。"妈妈猴儿犁地哎，不吃家哩饭，光吃河南炒鸡蛋。"（《妈妈猴儿》）安阳话把蜗牛叫"妈妈猴儿"，两只伸出的触角像天线一般，一遇到东西便缩了回去，身体能蜷缩进那螺旋状的硬圆壳子里。这种可爱的小动物居然光吃河南炒鸡蛋，表现了天真烂漫的童趣。"豁牙得，背耙得，偷吃他姥姥诶豆芽得。"（《豁牙得》）儿童长到六七岁，该换恒牙了，张开小嘴儿，豁豁牙牙哩，参差不齐。那时的孩子，有哪个没有听过这首歌谣呢？

"灯楼会，灯楼会，灯楼灭了回家睡。"（《灯楼会》）寥寥数语，记述了元宵街市的灯火和孩子们天真快乐的童年。"饭儿饭儿冷冷，狗儿狗儿等等。"（《狗儿等等》）夏日庭院里，夕阳在老槐树的梢头涂上一抹余晖，小孩儿玩儿得累了，也饿了，乖乖地坐在小板凳上，戴着围嘴布，奶奶或是姥姥用羹匙（汤勺）边舀起一勺稀饭喂孩子，边念此谣儿，那一勺勺饭中蕴含着无边无涯的大爱。

五、睿智理性的熟语

城市文化是一座城市凝聚力和自信心的源泉。城市魅力来自文化和特色的积淀。老安阳话体现的地域文化特色和淳厚乡风民俗，是城市特色的蕴涵，也是一笔宝贵的非物质文化遗产。

老安阳的市井语言，不乏理性智慧的熟语，既有一针见血、一语道破的直白，也有委婉的告白，让人慢慢体悟。寻常朴实的话语，蕴含了深刻的哲理。观照芸芸众生世情百态，洞悉人性，洞察人心。

　　"人是敬怕哩，不是吓怕哩。""胆是吓大哩，人是确（音 quo，诓骗）能诶。"说为人处事"人宜实，火宜虚"。人贵有自知之明，可是生活中"自病儿不觉"哩大有人在。老话儿讲究"打人不打脸，骂人不揭短"，"人家有虎袄袖里装"，做事儿要含蓄一些、留有余地，不能太过。"话不能说死，路不要走绝"，"杀人不过头点地"，"得饶人处且饶人"。

　　说一个人既不好找又不守时，三天打鱼，两天晒网，或者说事情尚没有着落和眉目，"三眼呐枪打兔得——没准儿"。说轻易不着家的人"没尾（yi）巴鹰"，品味这句话，飞鸟靠翅膀扇动与空气作用产生了上升飞行的力量，尾巴是用来把握方向的，没了尾巴，则失去了方向，不知道"芸"到哪儿去了。"放鹰"，有两重含义，一是钱财有借无还，二是设下诱饵引人上当受骗。说一个人笨得可以，"涅（人家）牵驴，你拔橛儿"。说距做成某件事路途漫长，遥遥无期，"卖梨膏糖诶盖楼——得贰年儿熬哎"。说事情不挨边儿，没指望儿，"荞麦面儿打糨呐——不粘板"，"戴得草帽得亲嘴儿——差哩远呐"。

　　"装马虎儿"，是揣着明白装糊涂。"打马虎眼"，则是心中明了表面上却搪塞、敷衍。能人聚了锥（堆）儿也有麻烦，"哟（一个）槽得哩拴不着俩叫驴"。"剜嚷篮儿哩才是菜诶"，教人务实，不能好高骛远。"紧病儿慢先生"是时常发生的事儿。"有福人不用早起"，"干慌不递（如）老等"，"也宜勤勤

换铝锅、钢中锅

也宜懒"。有些事情是可以以逸代劳的，用不着一惊一乍，兴师动众。"心急吃不了热豆腐"，"存着气不少打粮食儿"。

一语双关，一词多义，同词异义，话又说得有趣儿得体。比如"花椒""恶嚷"都含有嘲讽、奚落的意思。"直煞（she）"不光指棘手、不好拿，恐怕还有一点儿"翘尾（yi）巴儿"；"受跌顿"的不只是花草树木，更多是指人生的坎坷际遇。"搁着馍喝汤"，话说得斩钉截铁，自信十足。"搁朗（上）星儿朗"则表示直截了当、一步到位，免得再费二回事。安阳话说"光儿"，指占尽风光便宜，"眼呐"则是受人驱使、代人受过的代名词，还有"眼呐头儿"的说法儿。"吹手拾粪——没事儿"是另一种调侃。老安阳话的方言土语有许多词汇比普通话表达得更为贴切到位，显现了方言的独有魅力。普通话是通行的共同语，方言语汇是丰富多彩的民间语言。

老安阳人生活从容淡定，"事大事小，到时候儿就了"，"齐不齐，一把泥"。平常喜欢说"中"，一旦出口，一诺千钧，背后隐含着责任。一个"中"，既表示赞同、首肯，也表达赞赏、允诺等多重意思。有趣儿的是，某些场合下说一个中那是真中；说两个中好像有点儿犯嘀咕，打了折扣；说三个中，"中，中，中"，可能是"推唔话儿"，就不一定"中"了。中的反义词为"不中"，又引申为"不中受，不中用，不中闻气"。

人的行为习惯受头脑支配。于是，"仁务头、冤大

卖酱菜豆腐卤咸菜（2018 年摄）

头、揭揖头、老尖头、圪料头、怔儿头、肉拧头、缠磨头、哄砖头、母猪头、肋得头、二关头",各色人等带着他们各自的特点纷纷登台亮相。还有"流利头",油头滑脑,油腔滑调,活灵活现。

"蛊蛊妙儿",意谓暗藏玄机,是隐私、暧昧的事,有点儿类似北京话"猫腻儿"。"小话篓得",小话(谎言)多得成篓装,诚信既已缺失,谁还敢相信?

这些原生态鲜活而有味道的语言,细腻、平实、简洁、明了。形容一个人不擅言谈,嘴笨,木讷,"口噙冰凌化不出来水儿"是谓有话道不出来。把事儿说得天花乱坠、天衣无缝却容易走向另一极端,"会说哩赶不上会听诶","哟(一个)巴掌儿撒(拍)不响"。兴许还会"逼哩哑巴会说话",弄不好会穿帮的。"忖忖"意在用心留意,"觉摸得些儿",是在提醒别人对某事物要多加留意,审时度势,相机而行。这些原创的草根语言已几近湮没,濒于失传。它们是昔日生活的点滴记录,渗透市井生活的况味,睿智凝练,耐人咂摸,回味悠长,值得好好儿"忖忖"。

六、幽默风趣安阳话

> 在平凡的生活中睁大你的眼睛,生活是多么广阔,生活又是多么美好。
>
> ——何其芳

风趣、幽默较之直白尖刻的嘲讽要委婉曲折得多。

幽默是一种智慧的生存形态,能解脱生活的重负,自娱娱人。

安阳话说一个人若沦为乞丐,仍童心未泯,"要饭馁牵呐猴——一溜要心",未免夸张了点儿。而说一个人历经了生活的煎熬,即将获得转机，则说，"小米得滚嚷锅盖得朗（上）——熬出来（cuɑi）耶"，类似"多年呐媳妇儿熬成婆"。

话说得风生水起，又俏皮幽默。

"面熟不敢下笊篱"，看似有违常理，实属拿捏不准。与人交往过于生硬、直白，老话儿说"白籽白瓤儿哩"，好像没长熟的西瓜，有点儿夹生。

"吹糖鸡儿还得鼓鼓腮"，吹牛堪比"吹糖鸡儿"，吹成吹不成姑且不论，鼓鼓腮帮子还是少不了的，话语中透着不信任，哪有天上掉馅儿饼的好事儿呢？对吹牛正吹得热火朝天的人，安阳话只消说一句，"夜个儿后黄（傍晚）南关呐死了一头牛"。

熟语、歇后语中有些语言是利用谐音说事儿，"豁牙得啃西瓜——道道儿还不少诶"。"道道儿"，指繁文缛节、复杂的礼数。"面筋掉往肉锅哩——昏呐""罐呐没（掉）鼻儿——不要提耶"。说脸皮厚的人"脸嚷（上）不知道贴了几张粉皮得"。还是与粉浆饭文化有关联，话说得幽默风趣。

方言土语对人和事物情态描摹得到位，生动传神，表情达意完整准确，话又说得俏皮，极富亲和力。"袄袖长，怨他娘"，活画出一个四体不勤、五谷不分的"态儿留得"（儿媳）形象，简洁传神，惟妙惟肖，堪比文学创作中的"白描"笔法。后半句是"他娘拙，怨他姥姥没有对给他娘说"。这是地道安阳俗语。"打哈气，眼流泪，坐得不递（如）躺呐睡"，是共有的常识，而

安阳方言电影《孔雀》剧照（资料图）

"睡扁呐头了",则描画了一个嗜睡的懒汉；若是"屎铺儿（音 per，床铺）挪朗尿铺儿（per）朗",就有点儿"马尾（yi）巴穿豆腐，提搭不起来（qɑi）耶"。把不挨边儿的事儿硬扯到一块儿，"驴尾（yi）巴吊棒槌",真是"八杆呐括不着"。

平常干活儿累得气喘吁吁，上气不接下气，安阳话说"呼溜儿呼耶哩"。这还不打紧，歇一会儿就过来了。要是说"呼耶得哩"，那就"活儿沉呐"，反正"水热""活儿沉"都不是啥好事儿。"会打哩打十下，不会打哩打一下"不只是数量的差别，恐怕那"一下"一出手，就会追悔莫及。事儿办得"差了壶了"，就"弄往二昂（上）了"，看来，这里"一"才正点。

喝水喝得太急，安阳话说"饮（去声）呐"；说喝酒丢的"月亮"（酒根儿）大了，"能淹死哟（一匹）骡得"。

七、耐人寻味老地名

老安阳的方言土语亲和淳朴、生动形象，又风趣幽默，表情达意入木三分，耐人寻味。乡音总关乡情，其中不乏与城区或近郊地名珠联璧合的熟语、歇后语，在民间广为流传。

老安阳话说"走西关不走马市街——洋气"，是说放着正道儿不走，偏走旁门左道，马市街是西关一条东西向主要街道，走西关偏偏不从马市街经过，有点儿特立独行的意思。昔日安阳城的西关，其街坊中分布着许多磨豆腐涨豆芽儿的手工作坊，豆腐作坊多了，街面自然湿滑难行，所以走西关才不从马市街经过。还有一条关于西关的歇后语说"西关馁羊皮——蹬展呐"。原来，西关一带历来是回族同胞的聚居地，有阿訇专事宰牲，此语意谓根本站不住脚的论调或谎言被当面揭穿，好似羊皮被蹬展了挂在墙上，让人

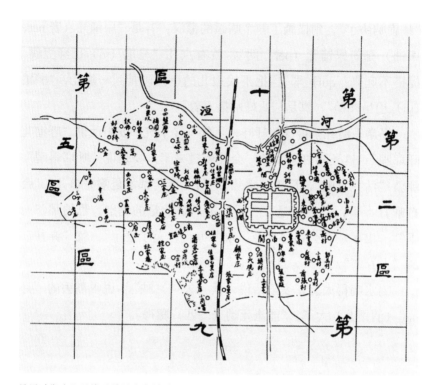

民国时期安阳县城及其周边的村落（民国《续安阳县志》）

无地自容。

城东的崔家桥曹马村位于安阳河北岸，这里是闻名遐迩的芝麻糖之乡。不知从何时起，"曹马村儿哩闺女——拿糖"，成为一句广为流传的民间歇后语。老安阳话中，说故意装腔作势，摆架子，难为别人叫"拿糖""拿搪"，于是便与"曹马村儿哩闺女"有了关联。从另一个层面讲，这句诙谐的话语，无意中也成为曹马村芝麻糖的广告语。

安阳老城的西营街，临近大西门和小西门，四通八达，比较"蹓道"。昔日这条街上开设着盐店、油坊、粉坊、血糕铺，有不少人家儿从事煮肉卖肉的行当。于是，"西营诶骨头墙，家家闺女赛阎王"成为老城人家喻户晓的一句熟语。

"金彭城，银水冶，抵不上楚旺一斜街"，是说彭城、水冶的瓷器和冶铁，都要经楚旺的卫河水运码头运出。彭城的陶瓷烧造历史悠久，工艺精良，这里历来归属彰德府管辖。"彭城诶云彩不下雨——窑烟""彭城诶夜壶——好嘴儿"，是这一地方名产所派生的诙谐语。"阜城上水冶——闲浪诶"，阜城位于水冶东关，幽默谐趣的水冶方言说出门儿逛街转转也叫"浪一圈儿"。城郊郭里村的响子远近闻名，于是说"郭里诶响呐——凭吹诶"。这些镶嵌着地名的方言土语、歇后语久远流传，承载着特色鲜明的安阳地域文化蕴涵。

第八章

乡愁滋味

"粉浆饭，大豆儿，烧饼火烧夹肉儿。"安阳人世代相传的舌尖记忆。其实家乡的味道，就是老家灶台每天的寻常饭食，是一年四季乡情滋味的周而复始，为我们传递着岁月积淀的厚味和生活的艺术。

一、浓浓乡情大槐树

国槐，在安阳城区普遍栽种。夏日绿意葱茏，给人们带来清凉。

这个古老的树种属豆科落叶乔木，它耐干旱，生长期长，树冠高大，遮阳效果好，适应安阳本地的土壤和气候条件。1986年11月16日，市七届人大十六次会议通过决议，选定国槐为安阳市的市树；此前1984年2月26日，市六届人大十五次会议选定紫薇，也叫"百日红"，为安阳市的市花。于是国槐作为城区行道树的主要树种广为种植。

安阳最有名的老槐树，是老城区文峰北街那棵树龄将近500年的古槐。一提起"文峰中路老槐树"，无人不知晓，已成为一株名

文峰中路老槐树

副其实的地标之树。这棵古槐原位于中山街西侧的一处居民院落中，当年修建文峰中路时被原址保留，道路南侧的线型还专门做了调整。当时筑路的市政工人用了一辆8吨水车来浇灌它，周围垒砌了台基加以防护。而今，经过园林绿化工人的悉心呵护，这棵老槐树已枯木逢春，枝繁叶茂，与周围的街道建筑环境相得益彰，渲染着老城古朴典雅的历史文化氛围。

明代开国之初，经过长期的烽烟战乱，中原一带变得田园荒芜，地广人稀。为缓和社会矛盾，增加田赋收入，明朝政府从地狭人密的山西向中原地带大举迁民。迁民历洪武、建文、永乐三代帝王，其时间和规模在中国历史上空前绝后，产生了深远的社会影响。河南彰德府是当时迁民的主要目的地之一。"问我祖先来何处，山西洪洞大槐树。"许多老安阳人认为他们的先人来自山西洪洞县，所以有一种浓浓的大槐树情结，民间对大槐树心存敬畏，大槐树上都住着仙家，庭院中若有一株古槐，能使人聪慧，福荫后世。槐树与安阳百姓的日常生活关系密切，洋槐也称"刺槐"，它的槐米、槐花儿和国槐的槐豆、槐叶都可入食。安阳人爱喝粉浆饭，其次就是槐叶饭，夏日炎炎，喝上一碗略带咸味儿的槐叶饭，清热败火，生津止渴。用来煮饭的槐叶采自国槐，只有过了二十四节气的小满才能采摘。干槐豆洗干净，上笼蒸上七遍才能泡水喝。清末至民国年间，安阳有名的姚家狗皮膏药，以"大槐树为记"作为商标和标记。安阳最古老的国槐，是位于东南营街昼锦学堂院内的那两株古槐，树龄超过900年，胸径三人才能合抱。相传，这两株古槐为北宋三朝贤相安阳人韩琦手植。

安阳老城现存古树名木有80余株，树种为国槐、石榴、海棠、皂荚等，它们被挂牌保护，得到精心管理和养护。老城内许多古老的街巷，如仓巷街、新营街、东南营街、唐子巷、西华门街等处，至今生长着见证了数百年沧桑变迁的老槐树，它们承载着城市生命的演进历程，延续厚重的城市记忆，凝为那一碗槐叶饭的情思。

二、老酒馆里思乡愁

酒馆，在早年的安阳老城里曾经兴盛一时，隔上几条街就有一家，给宁静的巷口儿街边带来阵阵酒的幽香。以往安阳城里"十八罗汉街"的每个街口儿，都有一家老酒馆。有的酒馆兼作烟酒杂食店，大的酒馆能摆下四五张桌子，小的仅能容下三五个主顾。老酒馆使用的酒，一律是从黑亮的陶瓷坛子里用酒提子舀出来的散酒，盛入"黑盉耶碗儿"中，一碗盛一两或二两。一毛二一两的俗称"一毛烧"，九分钱一两的叫"一毛找"，那时的瓶装酒几乎无人问津。下酒菜是用细麻批儿捆扎的卤豆腐干儿、水煮咸黄豆、花生米、蚕豆，或由店家配制的简单几味小菜。

老酒馆的常客，多是邻里街坊上点儿年纪的老者，其中不乏"熟麻"客，也叫"酒腻子"。有的一大清早便来报道，要上四两老酒，剥着几颗水煮蚕豆，或花生瓜子儿之类，认认真真地细品慢咽，能消磨上大半天。老酒馆儿是酒友儿们的乐园，也是谈古论今的地方。社会上的奇闻趣事是这里永远的谈资。微醺之际，陶然哼唱几句戏文，仿佛浑身上下每个细胞都浸透了酒香。也有能喝猛酒的过路

老酒馆风情

客，那边儿还没来得及找零钱，这儿已经"抽"了。其标准姿态是直立，接过酒碗儿，沾唇后先慢后快，仰脖儿一饮而尽。酒碗一推，"——再打二两!"

昔日的酒客，到酒馆要上一碗"一毛找"，九分钱一两酒一饮见底，剩下1分钱也用不着找零儿，店老板舀给一小勺煮黄豆。出了门，口中念念有词："咸豆儿咸，多仗（放）盐，花椒大料儿仗（放）诶全，一分钱也能解解馋。"

每当街灯亮起的时候，小酒馆里便开始热闹起来。下了班的工友三五小聚，来上半斤卤猪脸儿，几碟小菜，喝碗酒消解一天的疲惫。末了，总是争着结账，呼朋唤友，相约来日再聚，伴着皎洁的月色和夜阑的狗吠，消失于深巷之中。来老酒馆消费，只是凑凑热闹，无关贫富，这里承载着百姓简单的快乐。

记忆中的老酒馆，三道街九府胡同丁字街口的一家，叫"大泉子"小铺。因店面太小，雨棚下柜台当街，是鲁迅先生在《孔乙己》中描画的"站着"喝酒的处所。拉"轱辘马"的运输工人把车往街边儿一靠，要上二两酒，喝完便接着拉活儿。这里往北是仓巷街把口儿西北隅的那家老酒馆，地方稍为宽绰，三间店面，能摆下两三张桌子和条凳，掌柜的是一个和蔼的胖老头儿，殷勤待客。这家酒馆秋冬时节自制的下酒菜"辣冻"别有风味，用煮熟的肉皮切丁，拌上白萝卜丁儿、煮黄豆、红辣椒，颜色鲜亮，最宜下酒，三五角钱也卖。南大街小颜回巷口儿的一家酒馆，屋内东西狭长，进门就是柜台，里面支着几张桌子，不大通风透气，一进门儿，就能闻见烟酒糖果混合的味道，老酒友儿们在里面吆三喝四，饮兴正浓。西华门老同乐戏院斜对面儿的街口，旧称为"老府口儿"，这里的一家酒馆至今尚存，历久弥新，依然生意兴隆。在这儿，你还能找寻到安阳老酒馆的味道，酒友们戏称为"西华门大酒店"。冬季的晚间，酒馆门口儿还有点着电石灯卖羊头肉和水煮花生的小推车儿。作家杨丽娟在散文《坐满酒鬼的老酒馆》中写道，当年慈禧老佛爷和光绪皇帝的天威圣驾，还从这间不起眼的小酒馆门前经过，前往西华门的行宫下榻。

20多年前，安阳老城里从辉府胡同到短街口的北门东街一带，曾经酒肆林立，酒幌招摇，酒客如云，被人们称作"晃街""酒鬼街"。这儿的酒馆多为"前店后坊"式，有的深居老四合院儿当中，偶遇停电，屋里还备着老式的汽灯，供酒客挑灯夜战。院子里支着大锅蒸扣碗儿，路北一家的黄焖羊肉颇有特色，有几个店铺自制的下酒菜也别有一番风味。

随着城市改造和人们生活节奏的变化，城里的大多数老酒馆今天已改换门庭，做了小卖店或发廊，渐渐淡出了老城人的视野。

三、一年四季有美食

老安阳的民间饭食，可谓四季分明，春夏秋冬一年四季有美食。

打春吃春饼，安阳人吃的单饼比其他北方城市的春饼要大得多，家院里支上鏊子，烟熏火燎地烙，每张单饼之间洒上水，饼塌软了还有嚼劲儿，抹上甜面酱，卷着葱花儿炒鸡蛋、货菜、小莴笋叶儿、小葱儿吃。"二月二，龙抬头，小菠菜儿，调驴肉，吃唠煎饼上鼓楼"，是老安阳人固守了六个甲子的民俗。阳春三月，香椿芽儿是诱人的美味，用来炒鸡蛋、拌豆腐。这时节，粗短黑绿的头茬儿韭菜也上市了，吃锅饼，蒸菜条，再熬上一大锅香飘四溢的粉浆饭，这是地道的家乡饭食。春天采摘了鲜嫩的柳絮、柳叶儿、榆钱、槐花儿蒸了吃，饭桌上弥漫着田野的气息。鲜嫩的苔子菜是熬扁粉菜的好配菜,一碟儿葱花油饼是它的经典搭配。四月里鲫鱼、河虾、三枪子鱼正当肥美,是不容错过的美味。端午节裹粽子,炸糖糕、菜角儿,追念怀石投江的楚国三闾大夫屈原。这时节,鲜桃、樱桃、甜瓜、桑葚、草莓的叫卖声让你感觉到夏天的临近,西瓜、丝瓜、苋菜、芸豆的充盈传递着丰收的信息。

端午过后,城郊四乡收罢麦子打罢场,"五月瞧羊,六月送羊"。那憨态可掬的面羊,是出门的闺女和小外甥儿的念想,也维系着亲情孝道。头伏饺子二伏面,盛夏的凉拌面、过水面、鸡蛋面、北瓜丝儿面、茄丝儿面、绿豆凉粉儿、蒜调茄子、荆芥油皮儿、麻籽菜煎饼、槐叶饭、水余丸向来是民间的时令美味。六月初一过半年,家家户户都要包饺子,时光荏苒,转眼间年已过半。

秋风起,天气凉,街市间弥漫着烤白薯、糖炒栗子的香味儿。卖血糕、风干兔肉的多起来。黄灿灿的新玉米面摊煎饼、熬粥糊,煎饼焦香扑鼻,玉米面粥透着淳朴的甘甜。用金丝南瓜熬的南瓜粥,弥漫着醇厚的浓香。满筐金黄色的魏县大鸭梨已经上市。好一个收获的季节。

老安阳人贴秋膘儿要吃羊肉饺子,上烩菜、酱肘子、红枣山药炖老母鸡、初霜的白萝卜炖羊肉。安阳三熏佐食缸炉烧饼,再熬上一锅滋味醇厚的虾米老姜白菜汤。硬面锅盔粉浆饭也是不错的百姓饕餮。深秋时节的腌韭花儿、剁辣椒、咯嘣儿菜、腌

安阳三熏(2008 年摄)

雪里蕻是大自然赐予这个季节的厚味。腊八节熬腊八粥、腌腊八蒜，晶莹翠绿的蒜瓣儿撩人食欲，兴许大年三十儿还能蘸着腊八醋吃饺子。冬至数九的那顿饺子不可或缺，不吃饺子当心被冻掉了耳朵。东郊曹马村的芝麻糖，咬一口酥脆得掉渣儿，是灶王爷和寻常百姓的最爱。

缸炉烧饼（2008 年摄）

过年自然是美食的巡礼，家家"赶状"[①]，热火朝天。蒸皮渣、花糕、刺猬、豆包、菜包，炸肉丸、酥肉、方腊、焦叶儿、麻花儿。再称上几斤南锦泰现做的大蓼花，可谓锦上添花。初一的饺子初二的面，初三油饼摊鸡蛋。破五儿这天要吃焖大米干饭皮渣肉菜。正月十六儿一大早，喝上一大碗热气腾腾的炒米汤，再到安阳桥畔赶庙会"遛百病"，这叫"吃了杂饭不生杂病"，一年四季全家平安。

安阳民间饭食最讲究逢时按节地吃，时令、新鲜的食材季节性非常强，因自然调节而不逾矩。其实家乡的味道，就是这一年四季乡情厚味的周而复始，是老家厨房灶台每天的寻常饭食。

---

①　"赶状"，安阳方言。往开锅的笼屉里放入馍、糕、包子称"状"。"赶状"意谓连续不断地蒸制。

四、民间百姓家常饭

安阳民间家常饭食，食材均取自当地、当季。除了新鲜、时令，价格便宜，百姓买得起、吃得起外，家常饭食还有其固定的做法和口味，有约定俗成的经典搭配。就像山东人吃煎饼，必佐以大葱蘸酱；京城人喝豆汁儿，要配上焦圈儿、辣咸菜丝儿一样，老安阳人非常讲究食物之间的经典搭配。稠粉浆打成凉粉糊涂，佐以饧盖儿、酱瓜丝儿，与京城人喝豆汁有着异曲同工之妙。纯绿豆粉芡打成的凉粉儿，晶莹洁白，宛若碧玉，切块儿热炒或刮丝儿凉拌，浇上蒜汁儿芝麻酱辣椒油捂芥末，是一年四季诱人的美味。吃罢捞大米烩菜，要喝碗大米汤。吃面条儿、饺子，要喝一碗面汤、饺子汤，讲究"原汤儿化原食"。寻常饭食的精巧搭配，蕴含吃的智慧。

皮渣、血糕、粉浆饭，在民间被称为"安阳三宝"。皮渣，安阳独有美味。在浆煮好的粉条中，放入粉芡、熟油、葱姜蒜末儿、海米、盐，搅拌均匀上笼蒸透，用于扣碗、烩菜、氽汤、煎炒，口感筋糯，口味鲜香。血糕，猪血加荞麦面蒸制，切片儿炸焦了抹上蒜泥吃，外焦里嫩，风味独具。至于粉浆饭，更是老城人家家户户的寻常饭食，三天不喝，必定张罗。绿豆粉浆开锅，放入小米、黄豆、花生、白菜、红萝卜丝熬粥，出锅儿时放入香菜、葱丝、盐、香油等辅料，滋味酸甜，清香四溢，是百姓人家的最爱。

"小煤火儿，炖上锅，皮渣肉菜热蒸馍儿。"吃烩菜、蒸碗，主食当然是热蒸馍。皮渣，只有浸润了肉的汤汁，才有极致的厚味。唯有蒜泥的涂抹才能让油炸血糕香味四溢，绿豆粉皮儿拌了香醋捂的芥末才更有味道。平时喝豆沫儿、油茶，要配上焦麻烫、热饧盖儿、炸焦叶儿。吃荤素包子，要喝豆腐脑儿、米汤。喝炒米汤，配着吃焦麻叶儿、糖麻花儿。蒸肉包子，要打上一锅酸辣鸡蛋汤喝。

吃蒸饺儿，讲究喝灯楼儿馄饨。吃烧卖，则喝小米绿豆粥、红豆稀饭。硬面锅盔粉浆饭是传统的经典搭配。夏天喝一碗汤汁碧绿的槐叶饭，以菜条、锅盔、锅贴儿作为主食。喝绿豆丸子汤、老豆腐，要配吃缸炉烧饼、芝麻酥烧饼。扁粉菜讲究就着葱花儿油饼、高桩馍吃。烙单饼，自然是抹了甜面酱，卷着豆芽儿货菜、老葱炒鸡蛋吃。扣锅盔，要喝虾米白菜汤。吃肉打卤儿的手擀面，菜码儿有红萝卜丝儿、绿豆芽儿、黄瓜丝儿。吃素面条，则要熟酱油儿，醋鸡蛋，放芝

刚出锅的焦麻烫

鼓楼王记小笼包豆腐脑

麻酱、芝麻盐，配着红萝卜丝儿、小莴叶儿吃。清炖羊肉，要与秋后刚下霜时采摘的白萝卜块儿一同慢火煨炖。即使在以往物质匮乏的年代，百姓吃菜饭贴锅饼，集干粮、盐、小米儿、青菜于一钵。吃杂粮面窝头也要夹上咸菜，蘸点儿酱，俗称"掉底儿烧卖"，再煮上一锅热气腾腾的虾米皮熬白菜，体味"夜雨煎春韭，新炊间黄粱"的喜悦。

这种搭配，绝非简单的荤素搭配，而有民间日常饮食的习惯，

营养、口味的内在关联，堪称绝配，是家常饭食平实中的精致，无论食物的贵贱，是饕餮盛宴所不能取代的舌尖记忆。有了这种搭配，家常饭食才正宗老到，滋味调和。看似寻常的饮食习俗，传递着岁月积淀的厚味和生活的艺术。

五、安阳老话说美食[①]

熏鸡熏蛋熏下水，皮渣血糕粉浆饭
三熏三宝三不沾，安阳诶好吃（得儿）[②]说不完

粉浆饭，大豆儿，烧饼火烧（得）夹肉儿
糖糕菜角儿气布袋，荤素包（得儿）开花儿馍

二月二，龙抬头
小菠菜儿，调驴肉，吃唠煎饼上鼓楼

旋擀呐面条儿熟卤儿，鸡蛋豆腐儿粉皮儿
蒜汁儿醋儿芝麻酱，红萝卜丝儿小莴笋儿

海烩菜，上烩菜，行烩菜，扁粉菜
烫面角儿，轧饸饹，西瓜酱儿蘸热馍

扣锅盔，调货菜儿，葱花儿炒哎笨鸡蛋儿

---

① 本部分原名"老安阳话说美食经"，用安阳方言念白，共收入上百品类的安阳传统风味饮食。

② "得""得儿"，安阳方音中较为常用的语尾助词。

细香碟上灶疙瘩儿汤，蒜调茄（得）比肉香

槐花（得），榆钱呐，香椿荆芥柳絮（得）
芝麻盐儿，蒸花卷儿，豆腐脑儿老豆腐

灯笼儿馄饨蒸饺儿，锅贴儿锅饼肉盒（得）
江南包（得儿）下梢饼，单饼油饼酥烧饼

腊八蒜，韭花得，咯嘣儿菜，粉浆坨（得）
卤水豆腐辣白菜，绿豆丸呐蕖汤儿

缸炉儿烧饼热烧卖，开锅儿羊汤羊脑儿
蓼花饧盖儿热麻烫，油茶豆末儿炒米汤

槐叶饭，菜条（得），绿豆凉粉儿毛丸呐
新小米（得）焖干饭，焦叶儿麻花儿焦馓呐

马蹄酥，开口笑，锦泰元宵薄荷糕

油炸血糕

生煎皮渣

传统美食荤素包子

江米麻团糖不吊，大京枣儿蜜三刀

小鳌（得儿）煎饼上烩馍，绿豆粉皮儿捂芥末
风干兔儿肉泼鸡（得），虾仁儿老姜白菜汤

白菜锅盔混汤面，生煎皮渣烧皮肚
鸡蛋汤，不仗醋，不递一碗黄糊涂

欢皮渣，肉浇头，芫荽韭黄儿米汤儿芡
头锅儿饺（得）二锅儿面，好吃还是家常饭

六、一碗乡情粉浆饭

粉浆饭是安阳人钟爱的家常饮食。"粉浆饭，大豆儿，烧饼火烧夹肉儿"，向来就是民间美食。一碗盛上来，红红的萝卜丝和花生仁儿、绿的芫荽、白的葱花儿、鹅黄软糯的白菜叶和粥糊，升腾的热气中泛着微酸清香，看一眼就撩人食欲。

粉浆，是粉坊制作粉皮的副产品，粉皮才是豆中精华。老城里西大街郑家老粉坊的粉皮传统制作工艺，已跻身河南省非物质文化遗产。安阳绿豆粉皮不仅是本地名产，现在行销各地。而粉浆走不了远路，只有当地人消受了。粉坊的原料是绿豆，除了卖粉皮、粉浆外，兼卖绿豆粉面儿、绿豆面、凉粉坨子。上好的绿豆浸泡磨浆，从浆液中滤出粉芡，缸中那泛着泡沫的白色浆液经发酵成为粉浆。往昔幽静的老城街巷，时常能听到卖粉浆的吆喝声"绿豆——粉浆——"，声音高亢悠长，传得很远。粉浆价极便宜，早先二分钱一马勺，现在也不过一两元，足够一家老小喝上两顿。记得从小

不大爱喝粉浆饭，生长在爱喝粉浆饭的家庭环境里，慢慢就被同化了，时不常还自己做上一锅，以慰口福。

东北人喜爱酸菜馅的饺子，一位生活在大洋彼岸的东北作家说，一到春节，肚子里好像有一种酶，条件反射般，特别想念家乡味道。现居台湾的安阳籍同乡高安泽先生，编辑《安阳文献》逾二十载，其中有一篇文章写道："思念家乡粉浆饭的味道，开放探亲后回到家乡的第一顿饭，就喝了两大碗粉浆饭。"粉浆饭香飘安阳古城，已有 200 多年的历史。城里老户人家儿不能三天不喝粉浆饭，它植根于安阳这方厚土，已融入了百姓的生活和血脉。人们常说的一句话是："安阳市的老辈儿人谁不是喝粉浆饭长大哩。"乡音总关乡情，粉浆饭甚至成了安阳话的代称，纯正地道的安阳方言里有浓浓的粉浆饭味道。他乡遇同乡，何从知晓？"一张嘴，粉浆饭！"说一个人讲的安阳话掺进了别的地方话，听起来有点儿别扭，"粉浆饭搅豆末得"。

粉浆饭营养搭配，五味调和，清热败火，暖胃养颜，是大众化的粥中极品。一碗粉浆饭里有岁月积淀的厚味，有一代代安阳人浓郁的乡愁。

七、姥姥妗子送面羊

端午节一过，接着是五月繁忙的收获，遍野金黄的麦浪已然颗粒归仓。匆促间年已过半，农历六月初一是大节令，民间时兴过"半年"。传统饭食自然是吃饺子。一到农历六月，无论城里或乡下的街道巷陌间，不时能见到老婆儿擓着长条形的柳条篮子，给外甥儿送面羊的身影儿。

安阳民间有"五月瞧羊，六月送羊"的风俗。瞧羊，是闺女女婿领了孩子，提着烧饼麻烫去探望姥姥，柴米油盐说年景，嘘寒问暖话家常。"瞧羊"，是约定俗成的，可视为"送羊"的序曲。无怪乎老安阳民间俗话说："割罢麦得打罢场，谁家闺女不瞧娘。瞧娘不是瞧娘诶，是给她娘要羊诶。"

新麦磨了面，捏了面羊，这边儿刚掀状下笼，热热的，透着麦香的面羊整齐地码放到篮子里。伴着初夏的骄阳，迈着轻盈的脚步，那边儿是外甥儿的翘首期盼，或许已在巷口儿村边张望了几回。

"送羊"的这一习俗起源于何年何月，没人能说得清楚，安阳的老辈人年复一年坚守着。1933年的《续安阳县志》中，就有了送羊的记述，再现了邑人热忱好客和丰富多彩的民间生活："亲眷中往来尤多，如正月祝年喜，春时相探候，五月看获麦，六月送面羊，中秋馈月饼，不胜枚举。"①"送羊"，这一古老的习俗，源自"羔羊跪乳"的传说。从前有一个小孩儿不听话，难以管束。这一天，乡下的舅舅来了，决定把外甥带回乡下住上一段日子。舅舅天天领着这个孩子去放羊，偶然间看到小羊羔儿吃奶时跪在地上吮吸母羊的乳汁，孩子觉得蹊跷。舅舅顺势开导，羔羊尚且跪乳，为人子理当孝敬自己的爹娘，报答养育之恩。这个孩子似有所悟，回来后开始孝敬自己的爹娘。看到外甥儿与以往判若两人，姥姥和舅舅

---

①　方策、王幼侨修：《续安阳县志》（民国），卷十，《社会志》。

便商量着每年六月间割罢麦子，给外甥儿送一只小羊羔，让他记住
对父母行孝道。后来不送活羊，改为送蒸面羊了。

　　送羊的数目还有讲究，头三年要送整群羊 24 只，第四年起送
半群羊 12 只。其中有三个头羊叫大羊，其余为小羊。也有一个大
羊，一个二羊加上 9 只或 21 只小羊。面羊做得形神兼备，惟妙惟
肖，大羊威武富态盘卧，引领一群姿态各异的小羊。每只羊都摁上
黑豆做眼睛，白白胖胖的，惹人爱怜，装满一大篮子趁热送去。羊
送来之后，以前只有孩子的父母才能先尝，这叫"爹吃头，娘吃
脚，小孩儿啃个羊尾巴"。然后对孩子说，"姥姥不是给你送羊诶，
是叫你孝忖（顺）恁娘诶"。面羊吃到最后，总要留下一只最小的
羊或"看羊狗"，用线绳儿拴起来挂在墙上，天天看着，一直挂到
来年六月送新羊。这叫"新羊见陈羊，辈辈儿人茬儿旺"。姥姥若
是年岁大了，改由妗子接着送羊，老话儿说"妗呐不老，羊不倒"。
从前有的大家庭，把姥姥家刚送来的面羊紧接着再送到出门儿的闺
女家去，孩子只能掀开罩布眼巴巴看一眼先馋着，咽着口水，待快
步送到姐姐家之后，小姨、舅舅、外甥儿方才一同消受这心仪的面

面羊的滋味
（文峰区文广
新局供图）

羊。据说到了农历七月就不能再送羊了，因为七月送的是瘟羊。

送羊是安阳古老的民间风俗，代代相传，意在传承孝亲的美德。它是家庭和睦亲情孝道的传承维系，体现着尊老爱幼的和谐融洽。面羊香香的，甜甜的，饱含几多童年回味；面羊白白的，胖胖的，蕴含无边无涯的大爱。面羊虽是面做的，但它浓浓的亲情和心灵的慰藉，早已融入百姓生活，融入久远的城市记忆。

八、风味独特炒米汤

炒米汤是风味独特的安阳民间饭食，一年四季都可以做，但这款传统美食却与过年有着密切关联。农历正月十六这天早晨，老户人家都要喝炒米汤，这成为安阳城乡的民间习俗。安阳年俗，过了正月十五元宵节还不算过完年，只有赶罢正月十六的安阳桥庙会，这个年才算真正过完。正月十五过小年儿，吃饺子、煮元宵、放焰火、灯楼会，热闹非凡。正月十六一大早，从北关坐跑车去安阳桥赶庙会，是安阳人过年乐章中的又一个高潮，也算是尾声。

正月十六一大早，家里的长辈人会早早起来，张罗着为全家人熬上一锅香喷喷、热腾腾的炒米汤。传统做法是先将小米儿在一口大铁锅中翻炒成金黄色，加水，放入预先泡好的黄豆、花生仁儿。待锅中滚沸的小米儿开花儿时，下入姜末儿、海带丝、红萝卜丝、白菜、菠菜等，同时再下入少量的饺子和杂面条。杂面条一般为绿豆面加白面掺合在一起擀成的面条儿。锅中的各种食物即将煮熟时，放一点儿盐，滴入小磨香油。最后再将刚熟好的葱花儿油倒入锅中，吱哑炸响，一锅炒米汤就做好了。喝汤时晚辈要先给长辈盛上一碗，双手捧着奉上。喝炒米汤可佐食焦叶儿、花糕等主食。安阳炒米汤所用的食材五花八门，五味俱全。它是过年饭食的集合或浓缩，汤中有饭，饭里带汤，寻常饮食，滋味悠长，蕴含着生活的厚味。

喝炒米汤在民间叫"吃杂饭"，坊间间里有"吃了杂饭不生杂病"的说法。年将过完，把过年时剩余的饺子面条、五谷杂粮、蔬菜海带杂糅在一起，热乎乎喝上一大碗，既是对"年味儿"的回味，也蕴含着对来年生活的祝福和祈愿。喝罢炒米汤，再到人潮如织的安阳桥庙会上"遛百病"，全家人一年四季保平安。一碗炒米汤，寄寓着百姓对美好生活的希冀。

九、细香碟儿三不沾

安阳传统菜肴中，有一道名菜叫"细香碟儿上灶"。昔日无论大酒楼小饭馆，菜单上都缺不了这道菜。它用料普通，看似寻常，名气儿却不小，跻身安阳传统名菜之列。

由于平日不常吃到纯正的老味道，"细香碟儿上灶"便有了几分神秘的色彩。它的"香"，源自这道菜是用小磨香油烹炒。"细"，则体现为普通食材选料精细和刀法细腻。鲜嫩的白莲藕，切成火柴棒粗细的丝儿，约寸半长短，迅速焯水。香菜梗儿稍粗，只取中间较嫩的一段。肉丝儿选用的部位是猪肋骨旁最细嫩的"黄瓜条儿"，切成长短粗细均匀的丝儿，浸泡，滤去血水，葱姜水腌渍入味。荤料也有放入

传统名菜细香碟上灶

腌卤肚丝的做法。上灶时，最能检验厨师对火候把控的功力，葱姜蒜爆锅，只消用猛火翻炒几下即可，出锅前淋入些许稀芡汁儿和香醋。菜的成色绿白相间，味觉爽、脆、鲜、嫩，微酸开胃，佐酒下饭两相宜，不失为普通菜肴中的上品。

从前没有什么"反季节蔬菜"，莲藕、香菜不太现成的时候，也有用五香豆腐干切成细丝儿，再配上韭莛儿，或韭菜梗儿切段儿来做这道菜，这便成了应时之作，味觉和口感远没有前述的搭配正宗、地道。

名菜离不开掌故传说的烘云托月，着意渲染。正像这道如众星捧月般的菜肴"三不沾"一样。有时候还喜欢追星傍名人，若能与皇帝老子沾上点儿边儿，则更是多了几分身价的显贵。相传，古代安阳有一位官吏，为了孝敬年迈的老父，让家厨创制了这道"三不沾"。当年乾隆皇帝下江南道经安阳，曾品尝此菜，龙颜大悦，赞誉有加。于是，"三不沾"不胫而走，传入宫廷的御膳房。后来慈禧老佛爷对这道菜也是甚为偏爱，成为后世京菜之一味。

"三不沾"以"不沾筷、不沾盘、不沾牙"闻名遐迩，是首创于安阳的传统名菜。有人说"三不沾又名桂花蛋"。其实，作料中加入桂花糖又名"桂花蛋"，不放桂花糖仍名"三不沾"。"盘中升明月，八月桂花香。"成菜状若满月，色泽金黄，香软油润，甜而不腻。销声匿迹了许多年之后，在传统菜品复兴的浪

安阳名菜三不沾

潮中，近来又经常被端上餐桌。

这道菜的主料为蛋黄、猪板油、白砂糖，辅料为桂花糖和京糕。炒"三不沾"的关键在一个"炒"字，这是对红案厨师火候把握功力的绝好验证。蛋黄儿加水淀粉过细箩，白糖用水化开，加桂花糖，淋入几滴盐水，过箩凉凉。使用新炼制的上好猪板油，炒制时须用文火，蛋液、糖水、大油分几次加入，用炒勺不停地"敲搅"，以拿捏菜品的质感软硬。成菜用京糕做点缀，红黄相映，软糯香甜。旧时婚宴上的"三不沾"，用京糕雕刻大红的"囍"字置于菜品上面，增添祥和喜庆气氛。"三不沾"高糖、高蛋白又多油脂，但偶一食之又何妨呢？何况，能品尝到纯正、地道的安阳名菜"三不沾"，是一份不易寻觅的口福呢！

十、最忆彰德蓼花香

蓼花，或写作"燎花"，是久负盛名的彰德府名产。清代嘉庆时《安阳县志》已有记载："锦泰、桐泰之蓼花、腐干、酱菜，均甚驰名。"

清代河南彰德府为河朔重镇、通都大邑，城内的九府巷陌人烟阜盛，城外的平畴沃野物产丰饶。清嘉庆年间（1796—1820 年），一位浙江吴姓糕点师傅北上进京，因故滞留安阳城，他有感于安阳市井繁华，民风淳朴，便定居于此。蓼花，这种南式糕点开始落户安阳古城，深受百姓喜爱。安阳城里制作最为精良者，当数鼓楼前街东首（今鼓楼东街）的南锦泰糕点店，距今已有 200 多年的历史。

"从南京到北京，锦泰蓼花最盛行。"除了皮渣、血糕、粉浆饭这三样传统风味美食被誉为"安阳三大宝"外，锦泰大蓼花也是很

南锦泰蓍花（2007年摄）

有特色的糕点食品，颇有名气。家住鼓楼坡街7号院的姚吉仲老人回忆，蓍花是南锦泰的招牌糕点，以往逢年过节，总要称上十来斤蓍花，在正月里招待客人，一家人慢慢享用，这叫"锦上添花"。成品蓍花色泽金黄，剖面洁白，状如蜂巢，颇似盛开的蓍花，故称作蓍花。蓍花的正宗吃法，并非直接拿在手里入口咀嚼，而是将其夹在两张纸中间，用手掌轻轻按压，稍稍

百年老字号锦泰恒糕点铺

压扁了之后，再取出入食。蓼花入口香甜酥脆、软绵易消化，老少咸宜，历来被视为年节珍馐，馈赠佳品。

蓼花好吃，制作不易，工艺颇为繁复精细。它采用上好的糯米、黄豆经浸泡、碾磨、过滤、成坯、晾晒、密封，炸制成形。再经过白糖、饴糖、桂花的浸润，才有了那甘甜若饴、焦甜酥脆、清香悠远的舌尖记忆。

十一、乡土厚味数烩菜

论数富有地域特色的菜肴，安阳烩菜首屈一指。

它不是哪一道菜，而是多样荤素食材的包罗融汇，兼容并蓄，调和鼎鼐，大快朵颐，一钵烩尽安阳乡情厚味，是安阳传统菜肴中的集大成者。

常言道，唱戏的腔，厨师的汤。制汤，是豫菜厨师的看家本领，无论奶汤与清汤，汤的品质决定菜肴的品味。安阳烩菜正是浓汤煨炖的菜品典范，肥瘦相间的小酥肉、炸丸子，洁白如玉的水氽白丸、鸡丸，油发蹄筋、卤肉片儿，经过初加工的肚片、肥肠、精排，各种食材的滋味和养分在加热中渗透融汇，形成调和醇厚的复合美味。过油的豆腐、面筋、毛丸、茄尖，新鲜的腐竹、冬笋、口蘑、南荠、木耳，还有皮渣、绿豆粉皮、银耳、时令青菜为烩菜增色添味。鲜美的浓汤，烩入丰富而又精细的食材，加上投料的先后与恰到好处的火候，成就了这浓郁的乡土风味安阳上烩菜。

安阳烩菜以上烩菜为标志，是由多样烩菜组成的系列美食。海烩菜，是在上烩菜的配料中再加入水发海参、虾仁、干贝、鱿鱼卷，更显雍容华贵。除了上烩菜、海烩菜，民间还盛行行烩菜、皮渣肉菜、全汤豆腐菜、杂烩菜、扁粉菜等品类。无论是逢年过节、

一碗乡愁扁粉菜

上梁暖房、追闺女送羊，还是赶庙会待亲戚，安阳民间的饭食在凉盘热炒把酒言欢之外，总是要熬上一大锅热气腾腾的烩菜，飨宴宾朋。即便是用肉丸、酥肉、炖肉料加上白菜、豆腐、山药、海带、粉条或皮渣熬成的杂烩菜，也是亲情浓郁、其乐融融的百姓口福。

安阳民谚说，只有平庸的厨师，没有下等的菜肴。安阳烩菜中，扁粉菜是最普通平常的成员，简单到只有扁粉条、豆腐、猪血，与不同时令的白菜、苔子菜、油菜或者冬瓜片的搭配，浇上一勺红艳的辣椒油，再配上一碟儿葱花油饼，便是安阳人最偏爱的早餐。扁粉菜也是高下有别，用心熬好一锅扁粉菜也有很高的技术含量。如今，扁粉菜已成为大众美食，从铁西到铁东的大街小巷，清晨卖扁粉菜的店铺星罗棋布，生意红火。伴着晨曦，成为古城一景。

十二、品味薛家淡驴肉

安阳老城南大街东冠带巷口拐角处，从前有一家十间门面的饭馆，名号"聚和堂"，创办于清道光年间（1821—1850 年）。掌柜的姓薛名富，家住城里学巷街，人称"薛富饭馆"。起先，这里是一个粗细饭馆，前店后坊，因经营有方，售卖的饭食颇有特色，回头客多，生意日渐兴隆。转而主营包席，兼待散客，又称为"薛富包席馆"。

当年光绪、慈禧由西安回銮京城的圣驾道经安阳城，比起"西狩"时的落荒而逃，回銮就风光多了，也是仪仗逶迤，随员济济，迎来送往。先前一天，帝、后驻跸邺南首镇汤阴宜沟驿。打前站的一哨人马，便事先来到彰德府探路，张罗安排两宫行在。这伙人骑着高头大马，虽说寻常装束，却个个是身怀绝技的皇家卫士。他们从彰德府南门进城时分，天色已晚，街面上行人稀少，沿街的饭馆、酒楼都已打烊。但见薛富饭馆尚烛火通明，饥肠辘辘的军士，便进入饭馆询问有何饭食充饥，好酒好菜只顾将来，不必要问。店家伙计操着地道的安阳话回客官道："粉浆饭大豆儿，烧饼火烧夹肉儿。"这些军士都是头一次来到彰德府，还没弄清饭食为何物，熏鸡嫩鸭、荤素拼盘、潞州老酒、热火烧夹驴肉、粉浆饭带锅饼便端上桌来。这伙人坐下便吃，越吃越香，边吃边赞。香喷喷的粉浆饭，一人连喝了三大碗。意想不到这豫北彰德城，竟有这般人间美味，直到一个个打起了饱嗝儿。

锅饼，老安阳传统美食，南大街薛富饭馆的锅饼最有名。用生花椒、盐加水精炼的猪网油，加入老酱炒制浆过的细粉条儿；鲜嫩的菠菜焯水剁细，拌入煸炒过的白豆腐丁调味制馅。醒好的面剂擀片儿，包成长圆状薄皮儿大馅的锅饼，将有褶的一面儿反扣在一口大铁锅的边沿儿上，锅中加水，大火烧开，盖上草编锅盖儿。刚出锅的锅饼，一面儿焙得焦黄，一面儿蒸的暄软，晶莹雪白，素食荤做，咬一口鲜香扑鼻，回味绵长。蘸上小磨香油、姜汁、香醋调和的蘸汁，成为老城人的舌尖记忆。

老安阳民俗，二月二龙抬头鼓楼庙会，民间惯食"小菠菜儿调驴肉"，是祈愿风调雨顺的好年景所享用的特殊美味，薛家淡驴肉在这个节令不可或缺。淡驴肉并非不放盐，只是本色儿、清淡而已。老话儿说"天上龙肉，地下驴肉"，足见带皮驴肉、驴板肠的诱人魅力。鲜嫩的驴肉、肥板肠在清水中浸洗，入清水锅淡煮，煮熟后凉凉切碎，兑入少量原汁汤油。碎驴肉搓入葱姜末儿、精盐、香油，调和成碎肉墩状，既可佐酒，也可卷上大饼，夹上热火烧吃，是脍炙人口的美食，成为薛富饭馆的金字招牌。

如今，老饭馆聚和堂早已淡出人们的视野，众多的菜肴、席单也未曾传续，但薛富饭馆的"锅饼""淡驴肉"却美名远扬，久远传诵，成为老安阳人的舌尖记忆。

十三、小香口蒸饺馄饨

安阳老城小西门里的大院街，自从20世纪30年代初小西门开通之后，成为连接老城南北大街与西关、车站之间的便捷通道。街道两旁店铺林立，商业繁华，那家香飘半个多世纪的小香口蒸饺馆，早已融入老城人的集体记忆。

小香口蒸饺

安阳解放之初，原来萧条的市面慢慢复苏。城里的大院街，因连通民国年间开辟的新安门，特殊的区位使这条街变得人气兴旺，各行店铺纷纷开张营业。来自西安的薛耀庭、宋兰英夫妇，在大院街路南的库口街口创办了当年安阳的独家蒸饺、灯笼馄饨馆，取名"小两口儿蒸饺馆"。1953年开业之初，只有三间平房营业房和四名经营者。烫面蒸饺是薛家祖传手艺，又吸取了西安、郑州的风味特色，落户安阳城后，食客盈门，生意红火。小香口蒸饺馆次年便迁到大院街红光戏院对面，更名"小香口"，扩展为五间平房的营业面积，除了主营蒸饺、馄饨外，新添了卤味排骨、西安酱牛肉、酱瓜肉等小菜。小香口蒸饺馆的经营在于选料严格，制作精细，坚守着现吃现包、现蒸现卖的信条，深受食客喜爱。想当年，能吃上一笼热腾腾、香喷喷的蒸饺，再喝一碗鲜香扑鼻的鸡丝灯笼馄饨，是百姓人家可遇不可求的味觉享受。

作家赵秀琴在散文《"小香口"的魅力》中写道：

过去做生意的掌柜们，凡有客户来进货，必先带客户来这里进餐，酒足饭饱后走进鸣响着锣鼓的红光剧场看戏。城里百姓老人贺寿儿孙过满月，也以来吃蒸饺为荣耀。就连外地人路过安阳，也会打听着寻觅到这里过过嘴瘾。这里的蒸饺馄饨像春风里的铃铛，响着清脆悦耳的声音，飘荡在方圆百里的城城乡乡……

当我们终于坐在屋里四方木桌前，看见圆圆笼屉上热气腾腾的蒸饺时，我一下惊呆了。状如小小弯月的蒸饺，掬着一褶一褶的花边，景致如工艺，美观似仙品，玲珑秀巧，令人不忍下箸。夹一个放入口中，一嚼满口生香。馅香而不腻，汁香而绵口。再嚼便香入肺腑，香涌周身。"香"眼看馄饨，眼里便有了仙境：一只一只的馄饨，如一只一只灯笼，精精致致，白白亮亮，漂浮在放了榨菜香菜虾皮鸡丝的汤碗里，清香四溢，鲜美诱人。汤未入口，心便香醉了。[①]

---

① 赵秀琴：《心中有块蓝湖泊》，中国文联出版社 2007 年版，第 201 页。

从 20 世纪 50 年代的合作化经营，到后来盖起了二层营业楼。几十年间，小香口蒸饺馆的经营者换了一茬儿又一茬儿，却一直保持传统风味不变，为家乡人平添一份口福，也赢得了百姓口碑，在安阳饮食行业中独占一席之地。

十四、飘香安阳话筵席

安阳历史悠久，饮食文化源远流长。商代晚期农业发达，酿酒兴盛，殷相伊尹被奉为烹饪鼻祖，烹饪技术趋于成熟。在漫长的历史进程中，形成特色鲜明、风味独特的饮食习俗。

> 戚友贺喜，吊丧，问疾，常具礼仪，表现诚意。而受者，亦必备酒筵饮食以酬之，已成惯例。享宾之筵，有五碗四、八碗四、八八、十二碟、十大碗诸名称。[①]

这里再现了邑人热忱好客和丰富多彩的民间生活。历经演变与融汇，安阳筵席地域特色浓郁，风味独具，在豫菜中自成一派。筵席规制和品类名目繁多，选料烹饪考究，厨师功力深厚。燕翅席、参翅席、安阳平席，是豪门官宦的饕餮盛宴，民间流传着"五簋八盘宴王孙"的说法，颇有殷商遗风。

安阳平席曾作为袁世凯隐居安阳时的"袁府菜"，也是清末民国安阳一带高规格的筵席。全席共有四套菜品，每套八件，取意"四平八稳、吉祥如意"。首套菜为开胃口的四干果四鲜果，第二套为风味独特的四荤四素八凉菜，第三套为燕窝、海参、鱼翅、猴头

---

① 方策、王幼侨修：《续安阳县志》（民国），卷十，《社会志》。

等四大件菜品，每大件菜上桌时再随上两道相关联的热菜，民间俗
称为"带子上朝"式。第四套为压桌饭菜，有四个蒸碗四道点心加
上两道汤羹。安阳平席菜肴丰盛，地域特色浓郁，色香味形俱佳，
是昔日官府豪门的饕餮盛宴。

　　民间筵席有更多规制，如八碗十二个碟、六凉六热六碗的六六
儿顺席也曾风行一时。内黄、磁县、临漳一带曾时兴"十大碗"
席。还有四碗四席、五碗四席等诸多规格。往昔安阳民间筵席以八
碗八碟席，俗称"八碗八"的席面最为常见，一菜一格，一品一
味。八碗八席分"大八八"与"小八八"，取决于席面用的海碗是
"头海"或"二海"。迎娶或嫁女还有平席大席的区分。八碗八碟儿
席四凉四热加八碗，以百姓人家嫁娶的菜单为例：肉丝蒜黄、鸡蛋
卷青笋、扒猪脸辣白菜、糖醋排骨莲菜，冰糖肘子、白扒蹄筋、红

制作安阳民间宴席（2017年摄）

安阳筵席"八大碗"

烧鲤鱼、烧素菜。八碗为六个"硬碗儿"加两道汤：酥肉、核桃丸子、黄焖鸡、腐乳肉、虎皮蛋、八宝甜饭、鸡蛋汤、海米白菜汤。

以往的民间宴席有"包席""自办"两种形式，城里有吉星园、醉仙居、会贤居、聚和堂、妙真饭庄、聚宾楼、三义楼、中海楼等多家包席馆；自办宴席是聘请厨师在自家院里操办。老的菜式万变不离其宗，不同的厨师手艺高下不同。

老安阳民间宴席的凉菜分独盘儿和荤素搭配的"拼盘"，也有四个独盘儿为两荤两素的形式，装盘讲究干净规整，用厨师自制的调味汁"浇汁儿"。四个热菜通常为三荤一素。蒸碗儿分皮渣、山药、油过土豆、豆腐打底和"净底"两种。常见的蒸碗儿有：方子、条子、千刀酥、黄焖排骨、黄焖鱼块、清蒸鸡、江米八宝饭、凤眼蛋、酿藕盒、黄焖羊肉、牛肉丸子。民间宴席最后上的汤羹，常见的是鸡蛋汤、虾仁儿白菜汤，也有山楂银耳汤、海米冬瓜汤的搭配。还有冰糖银耳、冰糖莲子、三鲜汤、酸辣肚丝汤。

时代进步，风俗变易，如今在城市里，包席已成为常态，宴席上的菜肴由饭店酒楼的流水线生产出来，往昔民间宴席自聘厨师做出的味道已难觅其踪。

十五、红火团圆年夜饭

安阳民间旧俗，腊八节一过，街市上便渐渐有了年味儿。腊月二十三家家祭灶，俗称"过小年儿"。"闺女要花，小子要炮，老婆儿要二百大核桃。"春节便迈着轻盈的步履，一天天临近了。

民俗专家朱迪忠先生，曾写过一篇《趣谈安阳民俗》，读来饶有兴味：

> 腊月里最忙活，过了腊八忙年货。二十一，买杆笔；二十二，写对子；二十三，送走灶王去上天；二十四，扫房子；二十五，磨豆腐；二十六，又蒸馒头又割肉；二十七，送闺女；二十八，买对蜡；二十九，打黄酒；年三十儿，退蹄儿。[①]

在以往物质匮乏的年代，腊月三十儿也称"年关"，富家过年，穷人过关。百姓辛勤劳作一年，平日里再俭省，过年也要包上一顿饺子"填填穷坑"。饺子是粉条儿萝卜馅儿，里面若有些儿肉末儿，再有一盘用生花椒捂的辣白菜、一盘卤猪头肉、一盘花生仁儿、一盘焦麻叶儿，再配上四两老白干儿，便是小康富裕之家。一顿"年夜饭"，饱含了太多的寓意和祝福，是辞旧迎新的心灵慰藉，亲情

---

① 文峰区政协文史委员会：《文峰文史资料》，1999 年第 5 辑，第 166 页。

浓郁，其乐融融。

腊月三十儿这天，百姓家家的紧张忙碌中，又充盈着对新年美好生活的憧憬。从早上开始，家中婆媳和未出门儿的闺女一起动手，盘馅的盘馅，和面的和面，围坐在炕边儿捏饺子。婆媳小姑边捏边逗，喜气洋洋，偶尔还会捏上几只带花边儿的"老鳖"。所包的饺子，要足够三十儿晚上和初一早起全家人享用，一直忙活到半下午。饺子包好后要先煮上一锅，捞到小碟儿里，每碟儿两个，由主妇敬香祷告列祖列宗，保佑一家平安，人旺财发。滚油锅里炸的，有酥肉、肉丸、上供用的猪肋条肉，还有糖麻花、焦麻叶儿之类。头一锅儿讲究先拿出一点儿填入灶膛，让"初一五更回"的灶王爷享用。孩子们是最高兴的，穿着崭新的衣帽，含着过年的糖果，无忧无虑地穿梭嬉戏。

掌灯时分，窗外寒风中传来爆竹和起火的鸣响，屋里暖意融融，笑语欢声。热闹红火的年夜饭就要开场了，一家老少围在桌前，依辈分坐定。主妇、媳妇儿还要忙着煮饺子。安阳的传统年夜饭菜肴以凉菜为主角，芹菜、莲菜、豆腐干、石花菜、小炒肉拌和在一起叫"荤素搅转"，颜色鲜亮，滋味调和，必不可少。荤菜有卤猪脸儿、皮冻、香肠、肘花、肉丝蒜黄、鸡蛋卷、松花蛋、糖醋排骨、小酥鱼。素菜为卤豆腐、辣白菜、芥末墩儿、花生仁儿、青笋、苤蓝、和菜等。饺子有猪肉大葱萝卜馅儿和猪肉韭菜馅儿，热气腾腾的饺子端上桌，蘸着腊八醋吃，"饺子就酒，越喝越有"。无论饺子或菜肴，都由长辈人先动箸，传续着亲情孝道。若再上几道热菜，酿藕盒、泼鸡子、八宝饭、扒蹄筋、烧肚片、炸丸子、桂花蛋、水氽丸、红烧鱼、生煎皮渣、细香碟上灶，年夜饭便更加丰盛了。酿藕盒寓意和和美美，八宝饭寓意团团圆圆，红烧鱼则意谓年年吉庆有余。城里的老户人家，年夜饭餐桌上还会有一大盘南锦泰老店的大蓼花，象征着锦上添花。

大年三十儿的饺子还有一道惊喜，预先将几枚硬币包入饺子中，总是家中最年长的老人会吃到这添福增寿的饺子，于是皆大欢喜。小孩子也想吃到这包着硬币的饺子，会多吃上几个饺子，惹得全家人哄堂大笑。

吃罢年夜饭，老人们便要张罗着上供熬年守岁，将驮着元宝的刺猬、枣花放置门内，意谓招财进宝。香案上通夜秉烛，香烟袅袅，红烛花糕、方腊面鱼恭敬家神财神。从子时到五更敬香五遍，迎新接福直至灶王爷降临人间。每年腊月三十儿夜晚，全家人围炉夜话，同享天伦。20世纪80年代以后，熬年又增添了新内容，许多人家围聚在一台黑白电视机前，观看精彩的春节联欢晚会和戏曲节目。将近子时，伴随着跨年的悠扬钟声，千家万户鞭炮鸣响，起火、烟花、两响炮将夜空映照得五光十色，眼花缭乱。

大年三十儿是春节的序曲，也是高潮。老安阳的年夜饭是年的味道，家的味道，也是对辛勤劳作了一年的家人的犒劳。

摄　影

胡建国　许子长　李自省　郭　平　张洪斌

吴强军　杨润智　彭存希　尚红军　尚保国

张喜兰　安　平　安　民

历史图片、古代地图提供

尉江华　乔利军　刘志伟　杨　奇　吴强军

刘彦军　朱小序

参考文献

一、地方志

1. ［明］崔铣:《(嘉靖) 彰德府志》,《天一阁藏明代方志选刊》(64),1964 年上海古籍书店据宁波天一阁藏明嘉靖影印。

2. ［明］郭朴:《彰德府续志》,明万历九年刻本。

3. ［清］黄邦宁修,乔利军点校:《(乾隆) 彰德府志》,清乾隆三十五年刻本。

4. ［清］卢崧修,［清］江大键纂,乔利军点校:《(乾隆) 彰德府志》,九州出版社 2021 年版。

5. ［清］贵泰、［清］武穆淳等纂:《(嘉庆) 安阳县志》,中国地方志丛书·华北地方·第一〇八号,(台湾) 成文出版社 1968 年根据嘉庆二十四年刊本影印。

6. 方策、王幼侨修,裴希度等纂:《(民国) 续安阳县志》,中国地方志丛书·华北地方·第一〇八号,(台湾) 成文出版社 1968 年根据民国二十二年铅字重印本影印。

7. 安阳市城乡建设环境保护局:《安阳市城市建设志》(上、下册),1985 年编印本。

8. 安阳市城市建设志编纂委员会:《安阳市城市建设志》,中国建筑工业出版社 1997 年版。

9.《安阳市建筑志》编辑室:《安阳市建筑志》,中国展望出版社 1989 年版。

10. 安阳市市志编写委员会:《安阳市志》(草稿),1960 年抄本。

11. 安阳市地方史志编纂委员会:《安阳市志》,中州古籍出版社 1998 年版。

12. 安阳市地方史志编纂委员会:《安阳市志》(1988—2000),中州古籍出版社 2008 年版。

13. 安阳市文峰区地方史志编委会:《安阳市文峰区志》,中州古籍出版社 2008 年版。

14. 安阳市北关区地方史志编委会:《安阳市北关区志》,国际文化出版公司 1997 年版。

15. 安阳县地方志编纂委员会:《安阳县志》,中国青年出版社 1990 年版。

16. 安阳市商业委员会:《安阳市商业志》,1992 年编印本。

二、古籍

1. [西汉] 司马迁:《史记》,中华书局 1959 年版。

2. [东汉] 班固:《汉书》,中华书局 1962 年版。

3. [东汉] 许慎:《说文解字》,中华书局 1963 年版。

4. [唐] 李吉甫:《元和郡县图志》,中华书局 1983 年版。

5. [宋] 韩琦:《安阳集》,《丛书集成初编》本。

6. [宋] 欧阳修:《欧阳文忠集》,《四部备要》本。

7. [元] 纳新:《河朔访古记》,文渊阁《四库全书》本。

8. [元] 脱脱等:《宋史》,中华书局 1977 年版。

9. [元] 许有壬:《至正集》,文渊阁《四库全书》本。

10. [明] 罗贯中:《三国演义》,人民文学出版社 1974 年版。

11. ［清］吴永口述，刘治襄记:《庚子西狩丛谈》，中华书局2009 年版。

三、著作

1. 安民:《城脉安阳》，线装书局 2016 年版。

2. 安民:《城现安阳》，北京工艺美术出版社 2021 年版。

3. 安阳日报报业集团、安阳市地方史志办公室:《邺文化探踪》，中州古籍出版社 2015 年版。

4. 安阳市地名委员会办公室:《河南省安阳市地名录》，海潮出版社 1991 年版。

5. 卜宪群:《中国通史》，华夏出版社、安徽教育出版社 2016 年版。

6. 陈桥驿:《中国七大古都》，中国青年出版社 1991 年版。

7. 陈文道主编，焦从贤编著:《安阳·从古都走向世界》，中国文艺出版社 2010 年版。

8. 郭胜强、陈文道:《古都安阳》，杭州出版社 2013 年版。

9. 郭旭东等主编，安民执行副主编:《安阳古城古镇古名居》，中州古籍出版社 2016 年版。

10. 河南省近代建筑史编辑委员会:《河南省近代建筑史》，中国建筑工业出版社 1995 年版。

11. 梁思成:《中国建筑史》，百花文艺出版社 1998 年版。

12. 刘志伟:《古都遗韵　百年安阳》，中州古籍出版社 2006 年版。

13. 罗哲文:《中国古代建筑》，上海古籍出版社 2001 年版。

14. 吕何生:《安阳名人传》，中州古籍出版社 1993 年版。

15. 吕何生:《洹北集》，安阳古都学会 2021 年编印本。

16. 齐瑞申:《老安阳寻踪》，政协安阳市委员会《安阳文史资料》第 16 辑。

17. 谭其骧:《中国历史地图集》,中国地图出版社 1987 年版。

18. 王世恩等主编:《中外学者论安阳》,新华出版社 1997 年版。

19. 王书才主编,许作民考释:《安阳古今地名考》(增补本),中州古籍出版社 2016 年版。

20. 许作民:《爱我古都安阳》,中州古籍出版社 1999 年版。

21. 许作民:《安阳古代纪事》,中州古籍出版社 2007 年版。

22. 张之:《安阳考释——殷、邺、安阳考证集》,新华出版社 1997 年版。

23. 张子欣:《邺城考古札记》,中国文史出版社 2013 年版。

24. 赵秀琴:《心中有块蓝湖泊》,中国文联出版社 2007 年版。

25. 朱士光:《中国八大古都》,人民出版社 2007 年版。

26.《中国历史年代简表》,文物出版社 2007 年版。

后　记

安阳是国务院 1986 年公布的第二批国家历史文化名城，1988年成为中国七大古都之一。它有 3300 多年的建城史，也有独具特色的历史人文禀赋。殷都、邺都、安阳老城是安阳"名城、古都"文化的核心内涵。拥抱现代文明的同时，也珍惜自己的过往，是城市文明的精髓。文化是一座城市的灵魂，城市的内涵、品质、特色是城市的魅力所在，是蓬勃发展的内在驱动力，传承历史，昭示未来。历史建筑是凝固的音乐，壮美的史诗。在城市趋同的背景下，具有独特风貌和地域特色的城市，才更具有生命力，才能在城市竞争中脱颖而出。

阅读城市，从安阳老城起始。那悠远厚重的城市记忆，已然深深植根于人们的血脉，成为安阳人的文化基因。一座城市成长变迁的轨迹，也承载着人的个体生命历程。过往生活记忆，凝结在安阳老城的街巷深处，一砖一瓦、一草一木，镌刻着城市生命的年轮。千年安阳古都的历史，是一部浓缩的中原华夏文明社会发展史。可以说，安阳老城是城市文化的标志和象征，安阳的名城文化是这座城市的根脉与灵魂。

中国文史出版社策划出版的中国八大古都系列文化丛书"安阳卷"，由本书《安阳名城韵味》与《安阳古都风采》《安阳影像图志》共三册组成。本书编纂过程中，安阳古都学会、安阳市城建档案馆、中国文史出版社给予了大力支持和帮助。安阳古都学会会长刘朴兵教授对书稿进行了仔细校阅订正，并为"安阳卷"作序。安阳文化学者齐瑞申先生提供部分资料，摄影艺术家吴强军先生为本书精选部分历史图片。中国文史出版社编辑同志规范校正文稿，为本书精心编排板式。谨此向各位学人师友致以诚挚的感谢！

书中的不确和舛误之处，诚祈读者朋友不吝批评赐教。

安　民

2022 年 5 月 20 日